La acción de jactancia

Apología (en seis actos) de una acción de jactancia «renacida»

LA ACCIÓN DE JACTANCIA

Apología (en seis actos) de una acción de jactancia «renacida»

Una propuesta de *lege ferenda* para la regulación de esta histórica institución procesal, adecuadamente reformulada y actualizada, a fin de dotarla de eficacia y utilidad

Cristóbal Pinto Andrade

Atelier
LIBROS JURÍDICOS

Da mihi
factum
dabo tibi ius

INSTITUTO VASCO DE
DERECHO PROCESAL

Red jurídica
Europea e Iberoamericana

Este trabajo ha obtenido el «PREMIO INSTITUTO VASCO DE DERECHO PROCESAL 2025» (compartido) siendo Presidente de la Comisión que lo ha otorgado el Prof. Dr. Antonio Mª. Lorca Navarrete, Catedrático de Derecho Procesal y Director del Instituto Vasco de Derecho Procesal

Este libro ha obtenido la conformidad para su publicación del respectivo par académico. El proceso de evaluación que se ha seguido es ciego en ambos sentidos. Es decir, el evaluador no conoce la identidad del autor del trabajo objeto de evaluación ni el autor del trabajo evaluado, la del evaluador.

© 2026 Atelier
       Santa Dorotea 8, 08004 Barcelona
       e-mail: atelier@atelierlibros.es
       www.atelierlibrosjuridicos.com
       Tel. 93 295 45 60

I.S.B.N.: 979-13-88096-50-1
Depósito legal: B 3262-2026

Diseño y composición: Addenda, Pau Claris 92, 08010 Barcelona
                www.addenda.es

Impresión: Safekat

A Mar, fiel compañera de camino,
porque sin ti nada de esto tendría sentido

«El hombre jactancioso y codicioso suscita litigios»
Biblia, Proverbios 28,25

«En lo que toca al honor y al deshonor,
el término medio es la magnificencia,
el exceso se llama jactancia
y el defecto, pusilanimidad...»
Aristóteles
«Ética a Nicómaco»

Advertencia previa del autor:

A fin de atajar preventivamente opiniones
u actos jactanciosos —o simplemente suspicaces—,
el lector debe saber de antemano que
la presente obra fue ideada y elaborada
con mi propia inteligencia humana natural,
no por la Inteligencia Artificial*

(¡salvo donde se indique, naturalmente!)

SUMARIO

INTROITO. 13

A GUISA DE PRÓLOGO 17

ACTO I. LOS ANTECEDENTES REMOTOS 25
La *Lex Diffamari* del *Codex Iustinianus*

ACTO II. EL ANTECEDENTE LEJANO. 39
La provocatio *ex lege Diffamari:* La interpretación extensiva
de la *lex Diffamari* romana por la Escuela de Bolonia: su
difusión en la práctica forense europea

ACTO III. EL PROCESO DE JACTANCIA «*CLÁSICO*» EN EL DERECHO
CASTELLANO 55
La recepción del *ius commune* en Castilla. La Ley 46 del tí-
tulo II de la Partida III, de las *Siete Partidas* (*circa* 1265) de
Alfonso X *El Sabio*: Su configuración y naturaleza jurídico-
procesal

ACTO IV. ADVENIMIENTO DE LA CODIFICACIÓN EN ESPAÑA 81
El Tribunal Supremo reconoce su vigencia de la acción de
jactancia dejándola «vegetar». La práctica demuestra su escasa utilidad y funcionalidad. El Tribunal Supremo la «exhuma» como antecedente de la pretensión mero declarativa
y como una modalidad de ésta. Reconocimiento legal en
numerosos recién creados países de América

ACTO V. LA MUERTE E INHUMACIÓN DEFINITIVA DE LA ACCIÓN
DE JACTANCIA CLÁSICA EN ESPAÑA 103
El Tribunal Supremo señala los contornos de una acción
de jactancia reformulada y «renacida», con los «efectos que le
son propios»: su función provocativa. Su reconocimiento
legal en numerosos países de Hispanoamérica

ACTO VI

LA ACCIÓN DE JACTANCIA DEL SIGLO XXI 123
De lo difamante a lo abusivo: una propuesta de reformulación de la acción de jactancia para dotarla de eficacia y utilidad

EPÍLOGO 147

INTROITO

Madrid.
Día 23 de marzo de 2009
08:00 AM

Esa mañana de agonizante invierno en los secarrales de la periferia madrileña, ásperas gotas de lluvia repiqueteaban en los vidrios que envolvían el insultantemente alto edificio donde se ubicaba aquella oficina; con los codos apoyados en la mesa de nogal, al Jefe de los Servicios Jurídicos de aquella Aseguradora le bastó una lectura en diagonal del Informe que examinaba para detectar los fundamentos jurídicos de la Sentencia de la Sala Civil del Tribunal Supremo de 12 de marzo de 2009; una vez localizados, en su cabeza saltaron todas las alarmas.

Repasó el párrafo una, dos y hasta tres veces; no daba crédito. Reflexionó: *«Las aseguradoras —se decía allí— también disponen de una solución judicial, pues si consideran que el perjudicado está dilatando indebidamente la presentación de la reclamación pueden ejercitar frente al mismo la acción de jactancia (regulada en Las Partidas y cuya vigencia ha sido declarada por el Tribunal Supremo) y exigirle que presente la reclamación».*

Inmediata y maquinalmente, ató cabos: «muchísimos perjudicados —se dijo— nos plantean reclamaciones de pago de indemnizaciones por daños pero demoran largo tiempo plantear su demanda».

Brotó en el mismo pensamiento y de manera natural la pregunta consiguiente: «¿Podríamos entonces evitar esta clase de comportamiento haciendo uso de esa tal «acción de jactancia» como nos está sugiriendo el Supremo?... Eso parece»

Sin embargo, a medida que tomaba conciencia de lo que estaba leyendo, iba reordenando sus ideas: «Pero, vamos a ver..., ¿Acción de jactancia? ¿acción de jactancia?, ¿regulado en Las Partidas, dice?, Las Partidas.... ¿No era ese un Código que dictó el rey Alfonso X el Sabio allá por el siglo XIII?».

Se percató enseguida de que hablaba en voz alta, consigo mismo. Mala cosa. Hizo memoria: «Si. Eso es». Como un relámpago fugaz, su cerebro se trasladó a aquellas clases de Historia del Derecho en las frías aulas del primer piso del edificio antiguo de la Universidad de Deusto. Eso ocurrió allá por 1988.

— *¡Las Siete Partidas...uhm!* —exclamó para sí.

Apoyando su brazo izquierdo sobre la costosísima mesa y a la vez sus labios entre los dedos índice y medio del cerrado puño, cerró los ojos. Una pregunta martilleaba en su mente: «¿No se inspiraban esas Partidas en el Derecho Romano que recopiló el emperador Justiniano?....¿o fue Diocleciano?»

Madrid.
Día 2 de noviembre de 2011
16:30 PM

Dos estatuas imponentes custodian el vestíbulo de entrada al Tribunal Supremo en la madrileña Plaza Villa de París: ni más ni menos que el rey Alfonso X, el Sabio y el Emperador Justiniano. El Magistrado las flanqueó para ascender, peldaño a peldaño, la marmórea escalera.

En esa mortecina tarde otoñal de lunes, nuestro Magistrado, junto con otros cuatro compañeros de la Sala Primera del Tribunal Supremo, se hallaban ya reunidos en un recóndito salón en la segunda planta del edificio; en el primer día de la semana su tarea suele consistir en el estudio de la viabilidad de los recursos de casación que superan el —nada sencillo, por cierto— trámite de admisión. Pero en particular, esa tarde les incumbía abordar la discusión, votación y fallo de un único punto del día.

El asunto lo merecía: se trataba de la demanda entablada en Barcelona por una persona que decía sentirse afectada en su estima —»personal y pública», decía— debido a las continuas alusiones por parte del celebérrimo periodista D. F.J-L - tanto en su programa *La Mañana* de la Cadena COPE como en un ensayo suyo publicado por la editorial *La Esfera de los Libros*. Ni Juzgado ni Audiencia Provincial habían estimado sus pretensiones.

Y a nuestro Magistrado le había correspondido, según un riguroso turno de reparto, formular la Ponencia.

Sentados todos en impolutos sillones de bien repujado cuero marrón, nuestro Magistrado exponía en voz alta al resto de sus compañeros el Informe de su Ponencia:

— El actor pretende que se aprecie judicialmente que no son ciertas las afirmaciones vertidas por el periodista hacia su persona, en concreto en lo que se refiere a las alusiones calificándolo de «terrorista», o definiéndole como tal..

Levantó la vista del Informe y se quitó sus gafas de carey negro, apoyándolas sobre la mesa:

— Hasta aquí todo normal. Nada nuevo bajo el sol. Hemos resuelto multitud de asuntos como éste. Al menos así me parece a mí, ¿no?.

Sus compañeros asintieron.

— Aquí lo curioso, lo chocante, es la forma utilizada para lograr lo que pretende—señaló.

Esta vez fueron ellos quienes levantaron la cabeza; expectantes miradas se clavaron en el rostro de aquel Magistrado:

— Veréis. —dijo— Este ciudadano formuló en su demanda una acción de jactancia ...¡¡¡una acción-de-jactancia !!!.

En honor a la verdad, el Magistrado no pudo evitar impostar su voz para enfatizar aquellas tres palabras; aquel inusitado tono causó desconcierto en sus colegas; incluso alguno torció el gesto....

Quince días más tarde, al publicarse la Sentencia de Tribunal Supremo de 17 de noviembre de 2011, aquel Magistrado Ponente, expresando el parecer de aquella Sección, fallaba el asunto. Pero en ella...ni rastro de esa acción de jactancia.

A GUISA DE PRÓLOGO

La definición precisa de lo que caracteriza la «acción de jactancia» no resulta sencilla; es un concepto un tanto difuso, evanescente, diríase casi incluso poliédrico. Ello es debido a que su enunciación, configuración, naturaleza, tratamiento y alcance normativo sustantivo y procesal ha variado no solo a lo largo de la Historia del Derecho sino también en el espacio; de hecho, aún hoy fluctúan sus caracteres nucleares en las distintas regulaciones de Derecho comparado en donde aún continúa vigente: también en función del operador jurídico que los aborde: ¿es una acción provocativa a demandar?, ¿es una clase de pretensión para la declaración de derechos o relaciones jurídicas?, ¿está destinada a defenderse de perturbaciones en derechos propios?, perturbaciones ¿de palabra, pero también de obra?, ¿también frente a silencios?, perturbación de derechos ¿cuáles derechos?, ¿acaso es un proceso para defenderse frente a la difamación o descrédito personal?,¿es todo esto?... ¿o nada de esto?.

Centrándonos en España, en nada ayuda su remoto origen histórico. De hecho, tampoco coadyuva la nomenclatura, la terminología: la idea que encierra la noción que ahora estudiamos históricamente no siempre se denominó ni «acción» (en el pasado fue denominada sucesivamente *cuestio, remedium, provocatio, pleyto,* proceso*)* ni tampoco «*de jactancia*» (seminalmente fue *praeiudicium* pero después también se vino denominando *ex lege difamari,* provocatorio o provocativo).

Este cúmulo de circunstancias ha dado pie a que desde diversos operadores jurídicos la así llamada hoy «acción de jactancia» —innegablemente anómala y disruptiva, por sí misma—, haya merecido los epítetos y los calificativos más peyorativos que imaginarse puedan: «anacrónica», «obsoleta», «trasnochada», «antigualla», «vestigio», «reliquia», «arcaica», «vetusta», «hibernada» …

Aun con todo, contemporáneamente son muchas las definiciones que se han pretendido, tratando de englobar la esencia de lo que hoy llamamos *acción de jactancia.* Sin entrar ahora —por no ser ni el momento ni el lugar— en consideraciones sobre su naturaleza, configuración jurídico-procesal, vigencia y finalidad, podemos, eso sí, presentar un primer esbozo.

Resulta siempre una tentación seductora, para aproximarse a una noción jurídica, acudir a la Real Academia de la Lengua; no nos resistimos a esta caer en ella. En el *Diccionario histórico de la lengua española* (1960-1996)[1] se dice:

> d) *acción de jactancia. La que tiene por finalidad provocar a la persona que se jacta de un derecho negado por el actor a que pruebe el pretendido derecho, para que, en caso de no resultar probado, se declare la inexistencia de éste.*

Y, dentro del específico ámbito jurídico, lo describe el Diccionario Panhispánico del español jurídico[2] de esta otra forma:

> *Civ. Acción que se dirige a obligar a quien, mediante actos, palabras o el mero silencio, pone en duda la existencia de un derecho ajeno a que ejercite en plazo determinado las acciones que le correspondan o, de no hacerlo, mantenga definitivo silencio en cuanto al supuesto derecho.*

---

1. Igualmente disponible en www.rae.es/tdhle/acción#d3 acción | Tesoro de los diccionarios históricos de la lengua española | RAE - ASALE

2. REAL ACADEMIA ESPAÑOLA: *Diccionario panhispánico del español jurídico (DPEJ)* [en línea]. <https://dpej.rae.es/> [Fecha de la consulta: 03/01/2025].

Y, por fin, un Diccionario Jurídico tan solvente como la Guía Jurídica de la Editorial LA LEY[3] lo define de este modo:

> «*Es una acción que busca que cese la amenaza que pende sobre el derecho de otro, para evitar que pueda perpetuarse la situación de incertidumbre, de manera que quien afirme tenerlo, lo ejerza o calle para siempre.*»

Por abundar, incluso podemos exponer el punto de vista jurisprudencial. A tal fin, y en el trance aproximativo en el que nos entramos, nos bastará la definición contenida en la añeja STS 1ª de 22 de septiembre 1944:

> «*Se trataría de una pretensión cuyo objeto sería obligar a quien, por actos, palabras o mero silencio, pone en duda la existencia del derecho ajeno, a ejercitar en plazo determinado aquellas acciones de que se crea asistido o, de no hacerlo, mantener perpetuo silencio en cuanto a aquel. Se trataría, por tanto, de una acción dirigida contra quien se jacta de ostentar un derecho frente al actor, y pone en controversia el derecho de este. La acción de jactancia va dirigida a «que el que se jacta de un derecho lo ejercite en el término que se le fije, y de no hacerlo se le impone un perpetuo silencio».*

Podemos vislumbrar algunos elementos comunes que nos permitan exponer, cuanto menos, un primer esbozo siquiera sea con carácter de hipótesis inicial de trabajo. Conviene advertir que esta incipiente apreciación se hace desde una óptica contemporánea, es decir utilizando terminología, conceptos y construcciones jurídicas propias del Derecho Procesal Civil actual.

A tenor de las definiciones expuestas, en cuanto a los sujetos protagonistas, encontramos, por un lado, a la persona quien por actos, palabras o mero silencio, se arroga, se atribuye, fuera de juicio, la titularidad de un derecho subjetivo y en

---

3. *Vide* https://guiasjuridicas.laley.es/

contrapartida imputa a otro una obligación o responsabilidad; vendría a coincidir con las ideas de «jactante« y «jactancia»; tenemos por otro lado a la persona que se siente «agraviada» o perjudicada en su esfera personal, económica o jurídica por tal «jactancia» y que, por tanto, niega la titularidad de ese derecho que se atribuye aquel «jactante» o la responsabilidad que le imputa.

Sobre esta base, la figura presentaría los siguientes rasgos esenciales:

a) La funcionalidad de la acción sería provocativa, en cuanto a su finalidad inmediata consistiría en una actuación proactiva por parte del perjudicado tendente a que judicialmente se emplace al «jactante» a que bien niegue la jactancia bien sostenga la acción correspondiente al derecho que dice ostentar frente a él.

b) El objeto de la jactancia recaería sobre cualquier clase de derecho. La puesta en duda, la incertidumbre creada por el «jactante» abarcaría la titularidad tanto de derechos de propiedad y demás derechos reales como derechos personalísimos (honor, estado civil) o personales (relaciones obligatorias); sin distingo.

c) El carácter de la jactancia sería difamatorio.- La jactancia presentaría un cariz claramente subjetivo en el sentido de que, la persona perjudicada se sentiría «agraviada» en su esfera personal, económica o jurídica incidiendo, al afectarlo negativamente, en la estima, consideración o crédito « del afectado. Al exigirse que la perturbación de palabra u obra fuese realizada *públicamente* la jactancia consistiría en una «perturbación pública» a través de una ostentación que causaría menoscabo moral en el afectado. En síntesis, el perjuicio sería más que económico (aunque también pudiera serlo), de sesgo subjetivo.

Lo descrita —adelantémoslo ya— coincide con lo que denominaremos a partir de ahora *acción de jactancia «clásica o histórica»*.

En efecto, existe una noción que presenta características propias; esta noción de *acción de jactancia* «*clásica*» o «*histórica*» fue plasmada en nuestro país en la Ley 46 de la 3ª de las *Partidas* (1455), cuerpo legal en donde cristalizaron para el Derecho castellano muchas de las construcciones jurídicas surgidas de los *Glosadores* y *Comentaristas* medievales de la *Escuela de Bolonia* de los anteriores siglos XI a XIII. En realidad, esta versión «*clásica*» no nació como una «acción» (puesto que esta construcción jurídica es propia del Derecho Procesal actual y en aquel tiempo no existía tal concepto), sino que se desarrolló en la práctica como un clase o modalidad concreta de pretensión dentro del único procedimiento regulado en las *Partidas*; en Castilla, en aquel tiempo y en toda la Edad Moderna se llamó en el uso forense «*proceso o pleyto de jactancia*»; la denominación de «*acción*» para este instituto jurídico, como decimos, debemos ceñirla y circunscribirla en el tiempo, fundamentalmente, a partir de la Codificación.

Sea como fuere, presentaba una naturaleza jurídica que la dotaba de evidente carisma: Jurídicamente, consistía en el alabarse una persona de tener un derecho contra otro, en cuyo caso el perjudicado por la jactancia podía obligar («provocar») al jactancioso a que presentase demanda de su pretendido derecho, obligando al Tribunal a que se pronunciase.

Esta noción «clásica», con esta especifica naturaleza y conformación, por su utilidad, hizo fortuna y su uso se extendió en los Tribunales a lo largo de los siglos en toda la Europa occidental, incluidos en nuestros territorios hispanos; es más, en virtud de la colonización, su aplicación forense —al aplicarse *Partidas* en aquellas tierras— se expandió también en los territorios conquistados de toda América (desde la Luisiana norteamericana hasta la Tierra de Fuego austral), e incluso se conservó —como parte integrante de la herencia cultural recibida—, en los ordenamientos jurídicos procesales promulgados tras la descolonización e independencia de estos países. A tal punto, que no son pocos los ordenamientos jurídicos Hispanoamericanos que han mantenido y mantienen a día de hoy la figura, respetando en mayor o menor medida —y no sin suscitarse en

algunos de ellos, casos de Chile y El Salvador, su posible inconstitucionalidad— sus contornos «clásicos» seculares.

De manera, diríase, rocambolesca, esta clase de juicio o proceso superó en España las disposiciones derogatorias de los
cuerpos legales surgidos tras la Codificación —Códigos Procesales de 1855 y 1881 y Código Civil de 1889— continuando vigente en la práctica y siendo así reconocido expresamente por
el Tribunal Supremo, donde fue calificada como institución de
carácter procesal; pasó así a convierte ya en una «acción de jactancia» al constituir una clase de pretensión procesal; en efecto,
a lo largo del siglo xx, este mismo Alto Tribunal la calificará
como el precedente de la pretensión meramente declarativa, y
la reconocerá, en concreto, como una de sus subespecies, la
declarativa negativa.

Sin embargo, como nuestro Derecho positivo ya contaba con
numerosas acciones de que tutelaban la declaración de derechos
personales, personalísimos y reales ante cualquier clase de perturbación por un tercero —incluso con mayor efecto que la mera
declaración— la figura fue cayendo en desuso en la práctica forense. En este sentido, en nada coadyuvó el escaso rigor técnico
con el que se planteaba la acción ante los Tribunales.

Adelantemos también el final de la función: esta noción de
acción de jactancia *clásica* está muerta y enterrada: como en el
ciclo vital de las estrellas, nació, creció y después de un gran bri-
llo en supernova, murió, convirtiéndose en un «agujero negro».

La figura jurídica, sin embargo, recobró un nuevo impulso
esta vez desde la propia Jurisprudencia del Tribunal Supremo
por medio de diversas sentencias dictadas partir de los años 80
del siglo xx, tras la promulgación de la Constitución Española y
hasta los años 20 del siglo xxi. Se desprende de todas estas decisiones que la acción podía «renacer» —cual estrella enana
blanca— siempre y cuando fuese debidamente readaptada al
marco jurídico procesal actual. Si la acción de jactancia, tal y
como fue ideada en el Medievo había quedado «amortizada», y
estaba muerta y enterrada al haber perdido su finalidad como
acción tendente a la declaración de derechos personalísimos o
reales o situaciones...*¿quid* respecto de una acción con funcio-

nalidad *provocadora* o *provocativa para su utilidad* en determinadas circunstancias excepcionales?.

Nos referimos a resoluciones de la Sala Primera que —ciertamente— se cuentan con los dedos de una mano; escaso bagaje éste para tratar de perfilar los contornos de esta figura para
su utilidad práctica forense en pleno siglo XXI. En esencia, este
puñado de resoluciones de nuestro Alto Tribunal vinieron a indicar, en primer lugar, que reconocían su vigencia pero «*a los
efectos que le son propios, cual es la de instar al órgano judicial
que condene al demandado a ejercitar la acción del derecho
del que se jacta en un determinado plazo y caso de no hacerlo
quedar impuesto perpetuo silencio*»; por otra parte, en segundo
lugar, añadían que la acción —por lo explicado— debería de
dar lugar a dos procesos, sucesivos y superpuestos ; finalmente, de modo particular, estimaban que podía ser un instrumento útil para poner límite al ejercicio abusivo de los derechos
subjetivos como el de la reclamación de derechos de crédito de
forma reiterada, prolongada en el tiempo, en definitiva, de manera abusiva.

A la vista de todo este —ingente— acervo histórico, doctrinal y jurisprudencial expondremos nuestra apología de una acción de jactancia nueva y «renacida». En pleno siglo XXI mante-
nemos que, declarada vigente, aun podría resultar un
mecanismo procesal útil siendo reformulada para permitir la
provocación al ejercicio de la acción para hacer frente a actos
jurídicos que supongan un ejercicio abusivo del Derecho, todos
ello bajo determinadas circunstancias y requisitos de carácter
restrictivo.

No cabe la menor duda que este enfoque, por novedoso, supone un cambio de paradigma en cuanto al estudio de esta acción que pasaría de su enfoque histórico a otro que la tendría
por «renacida».

ACTO I
LOS ANTECEDENTES REMOTOS
La *Lex Diffamari* del *Codex Iustinianus*

Byzantium. Meridies. Nonas de Diciembris, año 1045 AdUC (292 D.C)

Crecentio tragó saliva antes de comenzar a redactar su libello:

Augusto Emperador Diocleciano,

Habéis de saber que tras su debida «cognitio» obtuve sentencias estimatorias dictadas, primero por el Gobernador de la Provincia y despues en apelacion por el Vicario de la Diócesis; pero aun y todo, Licinio Cayo Severo, la otra parte, persevera en la misma obstinación,difamándome públicamente negando mi ingenuidad , tildándome de liberto. Esto me está causando inquietud y desasosiego. Es cierto que fui manumitido pero nunca fui liberto. Lo niego. Pero esto no lo digo yo, lo han dicho ya dos jueces. Las circunstancias me obligan a consultar al Augusto Emperador Estas son mis «preces» : ¿debo seguir soportando la continua iniquidad de esta persona? , ¿cómo debo proceder? Impetro para que procedáis de modo que se abstenga de injuriame en lo sucesivo».

Crescentio Probino

Suscrita su consulta, enrolló el pergamino, se ajustó su *penula* y abandanó el *domus,* dirigiendo sus pasos hacia el Palacio del Gobernador de la Provincia.

Mientras caminaba por la via no dejó de cavilar. No era ajeno al hecho de que, desde hacia no mucho tiempo, Diocleciano habia instauró la Tertarquía; dos Emperadores junto con otros dos Césares dirigian el Imperio, ahora repartido y cuarteado. Pero le guiaba una confianza ciega en que el *libello* llegase a manos de su paisano dalmacio.

Dos *miles gregarius* custodiaban el arco de entrada al Palacio del Gobernador Provincial.

— *¿Quo vadis, ciudadano?.* Le espetó uno de ellos

— *Ave*, deseo entregar y remitir al Palacio Imperial en Nicomedia este *libello* para que lo resuelva allí el Emperador .

Ambos *miles* se miraron mutuamente de soslayo; una cierta sorna asomó de la comisura de sus labios.

— Vas a tener suerte, ciudadano. El Augusto Diocleciano no se encuentra en Nicomedia sino aquí mismo, junto a su Cesar, Galerio, venido desde la Serdica Dacia. Puedes entregarme a mi ese *libello* que me encargaré de que la Cancilleria lo trámite.

— ¿Nuestro Augusto Emperador, aquí, en Byzantium?, ¿cómo es posible? , preguntó Crescentio

— Si, ciudadano. Ya no existen ni sedes ni capitales imperiales sino en la urbe donde se encuentre el frente de batalla en cada momento. Anoche llegaron ambos dispuestos a luchar para defender nuestros *limes* de los ataques de esos indeseables guerreros sármatas....

Crescentio sonrió para sí: Sin duda eran buenas nuevas...

Byzantium . Idus de Februarius año 1045 AdUC (293 D.C)

Cómodamente reclinado en la *lectus triclinaris* de su *domus*, y como en aquel otro tiempo, Crecentio tragó saliva, esta vez antes de extender el pergamino que acababa de serle entregado por un heraldo directamente enviado a su Provincia desde la Cancilleria imperial .

Leyó:

«....Abnotatione ab Decretum in Rescripto: *Defamari statum ingenuorum, seu errore, seu malignitate quorumdam, periniquum est,
praesertim cum afirmes, diu Praesidem unum atque alterum interpellatum a te vocitasse diversam partem, ut contradictionem
faceret, si desensionibtis suis confideret. Unde constat, merito Rectorem provinciae commotum allegationibus tuis, sententiam dedisse, ne de caetero inquietudinem sustineres. Si igitur adhuc diversa pars perseverat in eadem obstinatione, aditus Praesses
provinciae ab injuria temperare preacipet*[4]

Subcripsi   Recognovi

Impp . Diocletianus et Maximianus   *Iulius Obsequens*

Crescentio esbozó de nuevo aquella misma sonrisa que entonces; estaba satisfecho; sin duda, eran buenas nuevas...

Basta con consultar Wikipedia en Internet[5] para conocer
que, en el año 527 habían transcurrido prácticamente cincuenta
años desde que había caído formalmente el Imperio Romano
de Occidente. Fue con la deposición del último emperador romano de Occidente, Rómulo Augústulo, a manos del General
Odoacro, en el año 476.

---

4. *Es muy perverso que se difame el estado de los ingenuos por error o por
maldad de alguno, sobre todo cuando afirmas que habiéndose recurrido por
ti hace ya mucho tiempo a uno y a otro presidente, llamaron a la parte contraria
para que formulase su contradicción, si confiaba en sus medios de defensa.
Por lo cual es evidente que, con razón, movido por tus alegaciones, el gobernador
de la provincia dictó sentencia para que en lo sucesivo no soportes tal inquietud.
Si, pues, todavía persevera la otra parte en la misma obstinación, el presidente
de la provincia a quien recurra mandará que se abstenga de injuriarte*
5. *Vide* Caída del Imperio romano de Occidente - Wikipedia, la enciclopedia
libre

Pero como sabemos también, no sucedió lo mismo con el Imperio en Oriente que no solo no cayó en esa fecha sino que perduró.

En ese año de 527, subió al trono el Emperador Justiniano que durante su largo reinado (hasta 565) realizó en gran parte su ideal de restaurar el Imperio Romano pero con su centro en Constantinopla. Para ello, militarmente tuvo excelentes colaboradores en sus Generales Belisario y Narses, con los que se impuso a los persas, vándalos y visigodos; también reorganizó la Administración contando con su *Praefectus* Juan de Capadocia. Desde el comienzo de su reinado el emperador Justiniano se decidió en dar al Imperio una regulación jurídica adecuada, acorde con su ideal de restaurar el Imperio Romano. Para ello encontró un excelente colaborador en Triboniano[6] quien a su vez se rodeó de un excelente equipo de juristas, entre los que destacaron el ya mencionado Juan de Capadocia, además de Teófilo y Doroteo.

De inicio, en 528 el Emperador encargó a una Comisión que compilase todas las constituciones imperiales desde Adriano hasta sus días, así como sus numerosas variaciones. Clasificó todo por materias bajo diferentes títulos y formó de ellos una obra que apareció en el año 529 conocida con el nombre de Código Viejo (*Codex Vetus*); hoy no se conserva ya por haber sido más tarde sustituido por un nuevo Código denominado hoy simplemente como *Codex Iustinianus*.

Una pretensión tan útil y acertada como era el de reunir todas las leyes en una sola obra, indujo a Justiniano a publicar bajo su nombre otras colecciones legales. Así que en el año 530, concluidas la recopilación de las constituciones desde Adriano en el *Codex*, encargó a Triboniano[7], uno de los princi-

---

6. Triboniano (500-542), jurista dotado de erudición indiscutible, fue un hombre de notables talentos jurídicos e intelectuales, dotado de una personalidad compleja y que fue protegido personal de la emperatriz Teodora, esposa de Justiniano.

7. Los encargados de llevar adelante la empresa fueron 16 comisionados, encabezados nuevamente por Triboniano, a quien acompañaban profesores de la Universidad de Constantinopla y funcionarios de la cancillería imperial que

pales redactores del *Codex Vetus* para que tomara de las obras de los jurisconsultos más célebres de las épocas republicana (Mucius Escaevola, Alfeno Varo, Elio Galo), imperial clásica (Ulpiano y Paulo, fundamentalmente) y postclásica (Hermogeniano y Arcadio Carisio) aquellas doctrinas de las que todavía se podía hacer uso en la práctica[8].

Esta obra fue redactada en tres años durante los cuales se compulsaron los escritos de treinta y nueve jurisconsultos, cuyas sentencias se tomaron la mayoría de las veces, no directamente de sus mismas obras, sino por referencias citadas en otras en que habían sido insertadas. Toda esta inmensa compilación se llamó *Digesto* o *Pandecta* (palabra griega equivalente) y se publicó en el año 533. Al conjunto de estas dos compilaciones (*Codex Iustinianus* y *Digesto*) junto con las *Instituciones* y *Novelas* se le conoce desde el siglo XVI con la designación de *Corpus Iuris Civilis.*

Pues, según se desprende del material recogido *Corpus Iuris Civilis*, en el Derecho romano clásico, las fórmulas de las *actiones* en reclamación de derechos obligaban a interesar una condena. Esta cláusula formularia orientada a la *condemnatio* únicamente faltaba en los procesos «prejudiciales» (*praeiudicia*): se trataba de las denominadas *formulae praeiudiciales* o actiones praejudiciales fórmulas cuya finalidad era la simple constatación acerca de la existencia de un supuesto jurídico o de hecho del que dependía la decisión de un litigio en curso o

---

conocían numerosos documentos archivados en las bibliotecas palatinas. Los principales fueron el *comes sacrarum largitionum* Constantino, Teófilo y Cratino de Constantinopla, Doroteo y Anatolio de Berito más abogados que servían en la prefectura de Oriente. ANDRADES RIVAS, Eduardo, *Notas sobre la evolución histórica del Derecho Bizantino* , Revista ACTUALIDAD JURÍDICA N° 29, Enero 2014 Universidad del Desarrollo, pág, 346. Por la expedición de la constitución *Deo auctore,* conocemos hoy el texto del encargo, *Vide* NOGALES RINCON, David, *De la composición del 'Digesto' por el emperador Justiniano (530). Fontes Medii Aevi.* Recuperado 8 de febrero de 2025 de https://doi.org/10.58079/osrh

8. DE CHURRUCA, J; *Introducción Histórica al Derecho Romano*, Publicaciones de la Universidad de Deusto, 3ª edición, 1986, pág 254-261

futuro. Consistían estas *praeiudicia* en un único proceso en el que se ejercía una pretensión reducida a una mera *intentio* (intención), sin condena alguna[9].

Por otra parte, conviene aquí poner de relieve el principio fundamental que regía en materia de acciones en el Derecho Romano; según este principio, vertido en diversos pasajes del *Corpus Iuris Civilis* justinianeo, el ejercicio de las acciones era esencialmente libre; o dicho de otro modo, las acciones, como cualquier otro derecho, eran de patrimonio de aquel en cuyo beneficio se establecen, puesto que se concedían al individuo en consideración a sus intereses y no tomando en cuenta los intereses de aquel contra quien los va a ejercitar.

Puede resumirse este principio en la regla de que nadie debe ser compelido a demandar o acusar contra su voluntad[10]. Este principio tenía como antecedente aquella otra que señalaba que las acciones prescriben en tanto el actor tiene la potestad de cuándo usar de su derecho[11]. Venía a coincidir este principio general romano con lo que hoy conocemos como *principio dispositivo ó derecho a la acción:* El ejercicio del de-

---

9. MARTIN-BALLESTERO HERNÁNDEZ, Luis, *La acción negatoria,* Tecnos, Madrid, 1993, pág. 121; D´ORS, Jose Antonio: *Derecho Privado Romano,* EUNSA, Pamplona, 1986, pág. 115-116; RIVERO HURTADO, Renée Marlene «La tutela meramente declarativa o de mera certeza y su reconocimiento en el sistema procesal civil chileno» Revista Ius et Praxis, Año 25, Nº 1, 2019, pp. 81-92, Añade esta autora que, sobre el origen y antecedentes de estas acciones en Roma, cuando la declaración *«era incidental o previa a la ejecución ordinaria, se la denominó praejudicium (y) tan eficaz fue ese procedimiento que terminó por hacerse extensivo a otras acciones independientes a través de las cuales no se pretendía una sentencia de ejecución (condemnatio). Entonces se las denominó actiones praejudiciales recibiendo por tanto la jerarquía de acciones que con anterioridad no se les reconocía».* MURGA GENER, José Luis (1983): *Derecho Romano Clásico. II. El proceso,* Zaragoza, Ed. Universidad de Zaragoza, 1983, págs. 182 y ss.

10. En latín «nemo invitus agere cogatur, esto es que nadie está obligado a accionar; *Codex,* Libro 3 , Titulo 7, Ley 1

11. En latín «*actor in sua potestas habeat, quando ulator suo iure»; Digesto,* Titulo 4, Ley 5

recho a la acción, de impetrar la actuación de los órganos jurisdiccionales no es una obligación, es una potestad, una facultad voluntaria[12].

En síntesis, en el Derecho Romano, la norma general era efectuar una petición condenatoria y no era dable obligar o provocar a otro a entablar demanda.

Sentado esto, cabe preguntarse —como decíamos— si lo que se viene a conocer hoy como la llamada acción de jactancia «clásica» (con pretensión declarativa sobre toda clase de derechos y funcionalidad provocativa), fue consignada expresamente en alguno de los innumerables textos que componen el *Corpus Iuris Civilis*. La respuesta inmediata y corta es que no; pero, a reglón seguido hay que añadir que, ello no obstante, de algunos textos podría columbrar ambos caracteres.

En este sentido, y en lo aquí interesa, existieron dos referencias normativas romanas que trascendieron; habiendo sido transcritas en el *Corpus Iuris Civilis* y, tras ser objeto, en época medieval, de glosa y comentario por juristas de la época, acabaron convirtiéndose en los antecedentes remotos de la acción de jactancia «clásica». Y lo fueron, precisamente, por resultar ser una acción declarativa de estados o hechos, por un lado y, por otro, una acción de naturaleza provocativa.

En efecto, las referencias sobre sobre los antecedentes remotos de la acción de jactancia «clásica» que, *por extenso*, a las que se acostumbra a aludir[13] tanto por la Doctrina como por la Jurisprudencia son dos: La Ley *Diffamari* y la Ley *si contendat*.

---

12. Para entender el alcance procesal de esta regla, plenamente vigente en nuestro Derecho Procesal Civil actual, en la STS 1.ª de 28 de marzo de 1984 se nos dice que «*En el proceso civil los principios dispositivos y de aportación de parte dejan al arbitrio de los litigantes la función de reunir y traer al proceso el material de hecho, sin que nadie pueda contra su voluntad ser obligado a proponer su acción ...(nemo invitus agere cogatur), consecuentemente el demandado es libre de defenderse o no, así como de defenderse en unos puntos y no en otros, (...).*

13. También ha resultado tradicional citar otros textos del *Codex* como la *Lex pupillaribus* que se describe en el Libro 5, Titulo 46, Ley 4 de *Usuris Pupillaribus*

1. La Ley *Diffamari*.- Se recoge en el Código de Justiniano (*Codex Iustinianus*). Es denominada Ley *Diffamari* porque ésta resulta ser la primera palabra[14] del Libro 7, Titulo 14, Ley 5 . Se ubica el texto de esta Ley en el Título dedicado a los «Ingenuos manumitidos» («*De ingenuis manumissis*»). Se nos dice allí:

> «*De los ingenuos y manumitidos. Es muy perverso que se difame el estado de los ingenuos por error o por maldad de alguno, sobre todo cuando afirmas que habiéndose recurrido por ti hace ya mucho tiempo a uno y a otro presidente, llamaron a la parte contraria para que formulase su contradicción, si confiaba en sus medios de defensa. Por lo cual es evidente que, con razón, movido por tus alegaciones, el gobernador de la provincia dictó sentencia para que en lo sucesivo no soportes tal inquietud. Si, pues, todavía persevera la otra parte en la misma obstinación, el presidente de la provincia a quien recurra mandará que se abstenga de injuriarte*[15].

---

donde se concedía al ex-tutor la posibilidad de demandar al ex-pupilo para que este le exija las prestaciones a que crea tener derecho de manera que, si no lo hacía, debía declararse liberado de cualquier reclamación futura por el ejercicio de su cargo.

14. En realidad, el texto romano no comienza con la palabra «Diffamari» sino con el vocablo «Defamari». Con toda probabilidad fue a partir de las glosas introducidas por los juristas de la Escuela de Bolonia medievales y su uso en la práctica forense cuando comenzó a deformarse y corromperse el vocablo. Nosotros utilizaremos ya desde este momento la nomenclatura medieval «Diffamari»

15. El texto del *Codex Iustinianus* que hemos manejado es el contenido en: *Corpus Iuris Civilis* Editio STEREOTYPA QUINTA; VOLUMEN SECUNDUM *Codex Iustinianus. Recognovit*; Paulus KRUEGER Edit. Berolini apud Weidmannos, MDCCCXOCII (1912). Dice textualmente: *5 (Impp. Diocletianus et Maximianus) AA. et CC. Crescenti. Defamari statum ingenuorum seu errore seu malignitate quorundam periniquum est, praesertim cum adfirmes diu praesidem unum atque alterum interpellatum à te vocitasse diversam partem, ut contradictionem faceret, si defensionibus suis confideret. Unde constat merito rectorem provinciae commotum adlegationi-bus tuis sententiam dedisse, ne de cetero inquietudinem sustineres. Si igitur adhuc diversa pars perseverat in eadem obstinatione, aditus praeses provinciae ab iniuria temperari praecipiet. Ψ. prid. non. April. 4.4. conss. (a. 293].* La traducción y adaptación al castellano que proponemos esta adaptada por nosotros partiendo de la traducción que realiza GARCIA DEL

De su examen y análisis se deduce que se trata de un *rescripto* (respuesta) de carácter jurídico (con rango de Ley o Decreto Imperial)[16] emitido por parte del *Duunvirato* de los co-emperadores Diocleciano-Maximiano en el año 293, es decir, más de 200 años antes, a un ciudadano particular.

Se trata de la respuesta a una cuestión curiosa. Se circunscribía a las falsedades y difamaciones referidas exclusivamente al estado o *status* de *ingenuidad* de un ciudadano particular (cuyo nombre parece ser que es *Crescenti*).

La cuestión que se le planteaba a los co-emperadores no la conocemos pero con toda probabilidad se formuló en un *libello* enviado a través del Gobernador de alguna provincia junto con un informe del caso y que fue respondido en el mismo documento (*subscriptio*) y devuelto al propio consultante, conservándose una copia o extracto en la Cancillería Imperial que pasó a formar parte de los *Comentarii* imperiales.

Lo que parece plantear el consultante en su *libello*, a tenor de la respuesta, es que el difamante, y a pesar de la sentencia declarativa dictada (confirmada en una segunda instancia) per-

---

CORRAL I. (1988) *El Codex,* Editorial Lex Nova, Valladolid que es la utilizada por GARCIA RODULFO, Lisardo; «La acción de jactancia:Estado de la cuestión y propuesta de recuperación normativa de una acción procesal civil», Revista de Estudios Jurídicos nº 19/2019 (Segunda Época) ISSN-e 2340-5066. Universidad de Jaén (España). *Vide* https://doi.org/10.17561/rej.n19, pág. 109.
16. En la época imperial clásica, los rescriptos (*rescripta*) eran —junto con *Decreta, Edicta, Leges datae y Mandata*— una especie o tipo dentro del género del poder normativo imperial (Constituciones). Consistían en respuestas por escrito del Emperador a consultas sobre cuestiones jurídicas hechas por Magistrados, funcionarios o simples particulares. Las respuestas se podían dirigir al interesado directamente o terceras personas indirectamente. En un principio, formalmente solo tuvieron obligatoriedad para el caso consultado, pero progresivamente por su uso como precedente en los procesos, pasaron a tener carácter vinculativo general. En la época postclásica —periodo que aquí nos concierne— junto a esta clase de *rescripta* de carácter meramente consultivo existieron los rescriptos de carácter judicial —que se engloban ahora dentro de los *Decreta*— donde el emperador respondía mediante un escrito que dirigía al juez inferior cuya decisión había sido recurrida en apelación. DE CHURRUCA, J; *Introducción Histórica...,* op. cit. pág. 193-194 y 239 -240

severaba en su difamación; ante lo que los co-emperadores tranquilizan al consultante asegurando que si llegase a plantear una demanda se encargarían de que «*...el presidente de la provincia a quien recurra mand(e) que se abstenga de injuriar*».

Al parecer resultaba frecuente difamar sobre el estado de los ingenuos. En efecto, en aquellos tiempos no resultaban infrecuentes los casos de individuos que, aun siendo *ingenui* (nacidos ciudadanos libres de origen) se dudaba de su ingenuidad originaria por quienes los consideraba esclavos suyos. En estas causas aparecía el que se decía *ingenuus* (nacido libre) frente a su *iustus contradictor* (persona que se decía patrono suyo)[17]. Afectaba, como decimos, a una difamación sobre el *estado civil* (*statum*) de la persona.

En tal tesitura, según se desprende del análisis de los términos en que se expresaba esta Ley (o Decreto imperial) el difamado podía recurrir a la autoridad judicial pidiendo protección dentro de un proceso contradictorio «*...llamaron a la parte contraria para que formulase su contradicción, si confiaba en sus medios de defensa*» para que dictara la necesaria resolución poniendo término a la inquietud (*«para que en lo sucesivo no soportes tal inquietud»*).

En cuanto su naturaleza jurídica no resulta aventurado afirmar por tanto, que el proceso a que daba lugar esta Ley *Diffamari* únicamente tendía a obtener un pronunciamiento declarativo —no condenatorio— por el cual quedara evidenciada la injuria en cuanto al «estado civil« del demandante. En modo alguno daba lugar a una condena que provocara al «difamante» a asumir el carácter de demandante en otro proceso posterior; al contrario, todo se dilucidaba en el mismo proceso dentro de cual el demandado soportaba la carga de sostener, mantener su contradicción (y medios de defensa) sobre el estado civil del *ingenuo* demandante.

---

17. GONZALEZ FERNANDEZ, Rafael; «Las estructuras ideológicas del Código de Justiniano» Universidad de Murcia, 1997, pág. 215

A ojos de un jurista actual indudablemente se trataba de una acción carente de finalidad provocativa y, sí por el contrario, en su dimensión procesal, con una pretensión meramente declarativa[18].

En este sentido, el modo en que se expresa la Ley resulta taxativo y no da lugar a mayores interpretaciones: «*...con razón, movido por tus alegaciones, el gobernador de la provincia dictó sentencia para que en lo sucesivo no soportes tal inquietud*». Una vez declarado el estado de ingenuidad del demandante, para el demandado no había lugar a un segundo proceso: ni para formalizar la «difamación» (que ya había sido dilucidada en el proceso con un pronunciamiento declarativo) ni para perseverar en ella (pues en tal caso, «*el presidente de la provincia a quien recurra mandará que se abstenga de injuriar*»).

---

18. Se trataba de «(...) *verdaderos juicios preparatorios destinados a dilucidar un punto o cuestión específica. En cuanto a su contenido, se distinguían principalmente dos clases. Por un lado, las denominadas cuestiones de estado tendientes a determinar si una persona es o no liberto respecto de otra (praejudicium de libetinitate o an libertus sit (G., 4, 44); si es o no hija de otra (praejudicium an filius o de partu agnosendo (C., 8, 46, 9) y, finalmente, las destinadas a determinar la condición de esclavo (praejudicium an liber sit (I. 4, 6, 13) (...). De otro, estaban las fórmulas relativas a las causas pecuniarias o patrimoniales destinadas a precisar la cuantía de la dote (praejudicium quanta dos sit (G. 4, 44) o la cuantía del objeto litigioso (praejudicium an res mayor (Paulo 5, 9, 1) y la destinada a examinar la declaración del acreedor acerca de la cuantía de la deuda y el número de avalistas que la garantizan (praejudicium sit ex lege Cicereiae (G., 3, 123). (...) En lo que respecta a la naturaleza y eficacia de estas acciones, no existe consenso en la doctrina romanista. Para algunos autores, las actiones praejudiciales no tienen el carácter de acciones propiamente tales, sino que se trata de cuestiones meramente incidentales que carecen de autonomía procesal (...) Para otra parte de la doctrina, por el contrario, gozan de autonomía e independencia respecto de la cuestión principal, gozando la sentencia que se dicte de eficacia absoluta o erga omnes. (...) Con todo, para la doctrina lo cierto es que estas acciones posteriormente evolucionaron adquiriendo carácter procesal autónomo.*» RIVERO HURTADO, Renée Marlene : La prejudicialidad en el proceso civil chileno. Medios procesales para la coherencia de sentencias dictadas en procesos con objetos conexos (Santiago de Chile, Thomson Reuters). 2016, págs. 15, 16 y 21, pie de página N° 16 y 28,

2. La Ley *si contendat*. Se recoge este supuesto en el *Digesto* y es denominada así porque es la primera palabra de la Ley 28, Libro 1, Título 46 . Es obra del jurista Paulo:

«*De fiadores y mandatarios.- Si un fiador sostiene que los otros fiadores son solventes, se le debe dar la excepción, a no ser que también ellos sean solventes*[19]

Se refiere al beneficio de división reclamado por la fianza. El precepto autorizaba al cofiador a provocar al acreedor para que instara su acción con objeto de que aquel pudiera hacer valer la excepción de división de la acción. Mediante el ejercicio de esta acción se provocaba al acreedor para accionar a fin de que el deudor pudiera hacer valer una excepción llamada «división de la acción» con otros cofiadores que fueran solventes.

Dedujeron los *Comentaristas* e intérpretes medievales que, teniendo el fiador acción para obligar al acreedor a intentar igualmente una acción contra los otros fiadores, siempre estaba permitido obligar al demandante presunto a intentar su demanda en un plazo determinado, cuando podía temerse que se perdiesen ciertos medios de defensa, si se demoraba la demanda[20]. En este proceso sí que puede decirse que se contiene una fina-

---

19. El texto en latín es el siguiente: *(De fideiussoribus et mandatoribus)*: «*Si contendat fideiussor, ceteros solvendo esse; etiam exceptionen ei dandam, si non et illi solvendo sint*». La traducción está extraída de *El Digesto de Justiniano*, D´ORS, Alvaro; y otros. Editorial Aranzadi, Pamplona 1975. *Vide*. GARCIA RODULFO, Lisardo; *La acción de jactancia:Estado...*, op.cit. pág 109.

20. Al parecer, en el pasado no han faltaron autores que, para explicar el origen de la acción de jactancia, compaginaron esta Ley *si contendat* con la *Lex Aurelius*, § *Centum, de liber. legat*. GALDI, Domenicantonio, «Commentario del Codice di procedura civile del Regno d'Italia», "Vol I. Stabilimento tipografico di Nicola Jovene. Cortile di S. Chiara, Napoles, 1887, pag. 29. *Vide* https://books.google. es/books?id=rZAMAAAAYAAJ&redir_esc=y , en alusión a MASSA *Ad. Chartar. observat. XX*. Sin embargo, como veremos más adelante, en realidad el *remedium lex si contendat* romano dio lugar a en el medievo a otra clase de proceso provocativo distinto al de jactancia: la *provocatio ex lege si contendat*.

lidad provocativa pues, en contra de la regla general, permitía acudir a la autoridad, y constreñir a otro a accionar.

En síntesis, como puede comprobarse, ambos procesos presentaban, por separado, ciertas similitudes con la acción de jactancia «clásica» pues resultaban ser remedios procesales («*remedium*») frente a la norma general de pretensión de «*condemnatio*» y la regla general *nemo invitus agere cogatur*; en el caso particular de la Ley Diffamari no se columbraba ni de lejos, una plena e íntegra identidad con un proceso con finalidad provocativa y de naturaleza declarativa como llegó a convertirse la acción de jactancia «clásica».

ACTO II
EL ANTECEDENTE LEJANO

La provocatio *ex lege Diffamari:* La interpretación extensiva de la *lex Diffamari* romana por la Escuela de Bolonia: su difusión en la práctica forense europea

Hacia 1225
Università de Bologna
Los Juristas Azo de Bolonia y Francesco Accursio conversan

— Francesco, he de confiarte el más arcano de los secretos
— ¿Secretos, *Magister* Azo?
— ¿Acaso lo dudas? Debes de saber que el ejemplar del *Corpus Iuris Civilis* de Justiniano que me hallé por pura casualidad en Pisa constituye la más grande revelación del Derecho jamás conocida.
— ¿Más que las Sagradas Escrituras?
— ...al menos tanto como ellas.
— ¿Y que cabe hacer ante esa Biblia jurídica, *Magister*?
— Precisamente lo que se ha hecho hasta ahora con las Escrituras: Una doble y humilde tarea: glosarla pero respetando sus palabras.
— ¿Glosar unas leyes romanas paganas?
— Si, pupilo, Aclarar y vulgarizar el profundo sentido de sus preceptos y sintetizar éstos en recopilaciones y compendios. Pero te lo repito: Respetando su literalidad: No nos ha sido otorgado el don de modificar ni alterar sus palabras....Son intocables.

Hacia1325.
Università de Bologna
Los jurisconsultos Bártolo y Baldo conversan.

Resonaban ecos de pasos en aquel corredor de la Università.
— En esto veo yo, Baldo, la belleza del Derecho.
— ¿En que Maestro Bàrtolo?
— En que podamos hoy entender y aplicar a nuestras gentes unas normas dictadas hace 1000 años por un Emperador Romano .
— Sin duda, Maestro, Pero ¿esa tarea no fue ya completada por el Sabio Doctor Irnerio y sus discípulos Azo y Accursio?
Una sombra sobrevoló la mirada del Maestro.
— Una labor notable la de aquellos, Baldo, *ma non troppo...*
— No comprendo..
— Baldo, en los tiempos en que vivimos no puede bastar con aclarar y explicar un intrincado texto de una ley romana, Loable fue que Irnerio y los suyos desbrozaran nuestro camino pero todo quedó en una pura especulación científica.
— Entonces, Maestro ¿qué podemos aportar nosotros, unos simples juristas?
— Baldo, se debe ir más allá. Desde las tierras galas de Orleans ya nos han marcado la senda. Esta nueva Europa cristiana reclama un Ius commune que, a partir de la letra de aquel Derecho creado por nuestros antepasados romanos, lo reinterprete pero para aplicarlo a nuestros tiempos....
Continuaron caminando al unísono por los corredores de la Universidad. Guardaron un largo silencio. Finalmente, Baldo habló:
— Maestro, ¿recuerda usted aquel Rescripto de Diocleciano que permitía a los ingenuos difamados de manumisión acudir al Juez para solicitar que en lo sucesivo no soportasen tal inquietud?
— «*Defamari statum ingenuorum seu errore seu malignitate* etc...» —recitó Bàrtolo— Si, si claro que lo recuerdo. Es la Ley 5 del Título 14 del Libro 7 del Codex ...
— Maestro, hoy en Bolonia no existen ingenuos ni libertos ni manumitidos pero creo que sin embargo todavía puede ser útil esta Ley.
— ¿Útil? ¿Pero, cómo?.......
— ..provocando a quien nos reclame un derecho de crédito injusta y reiteradamente para que el juez le ordene formular demanda

definitivamente y declare la infamia...o a quedar condenado a callar para siempre.

— ¿?

A tenor de lo expuesto hasta ahora, y desde nuestra perspectiva actual, resultaría profundamente dificultoso elevar las normas expuestos a la categoría de la acción provocatoria. Más bien al contrario. Aquel proceso *lex Diffamari* romano daba lugar a un único proceso en el que, con contradicción de pruebas se dilucidaba judicialmente sobre el estado civil de un ciudadano, lo que daba lugar a un pronunciamiento puramente declarativo en relación a tal *status* pero nunca partía tal declaración de una previa provocación a accionar. En efecto: la decisión judicial —si resultaba estimatoria— ni debía pronunciarse sobre la existencia de una previa «jactancia» del demandado ni, en consecuencia, condenaba ni emplazaba al difamante a un segundo pleito para sostenerla; tampoco se vislumbra «provocación» a un futuro pleito por ningún lado.

Como nos explicó ya desde antiguo la Doctrina[21], resultaba necesario tergiversar seriamente los términos de las leyes *Diffamari y si condendat* para poder encontrar en ellas el origen directo de la acción de jactancia «clásica»; si bien pudo ser el germen o el antecedente remoto hubo de añadírsele, andando el tiempo, alguna otra clase de aditamento interpretativo que, bien por mixtura, asimilación o simple intencionalidad, diera lugar a la formulación de la acción de jactancia como típico proceso declarativo y provocatorio.

Y así acaeció, de hecho: fue en la Edad Media cuando aquel proceso romano, sin modificar su finalidad, varió su estructura

---

21. VALABREGUE, Ernest; «De la loi Diffamari, ou de l'action de jactancie, en droit romain et en droit français». *Revue de Legislatión et Jurisprudence*, XXXVII, anné, nouvelle série, t. XVII París, 1889, págs. 18 y 19 citado por GARCIA RODULFO, L; «La acción de jactancia: Estado...», op.cit. pág. 109

y naturaleza jurídica transformándose en acción provocatoria y declarativa.

Conviene contextualizar. Nos situamos a finales del siglo XII y mediados del XIII. En este tiempo, en Europa occidental estaba operando un resurgir político, social, cultural y económico. Romanización, cristianismo y germanismo actuaron como agentes catalizadores de un proceso de tendencia a la unidad : el cauce lingüístico fue el latín y el trazo de identidad más genuino fue la religión cristiana.

En efecto, un sentido de unidad —restaurador del antiguo Imperio Romano— continuaba extendiéndose por Europa siguiendo la inercia traída desde el siglo XI; en concreto, desde Oton I y la dinastía otoniana o sajona quienes gobernaron hasta el 1024 un vasto territorio que no dudaron en denominar *Imperio Sacro Romano de la Nación Germánica*. Este Imperio, a mediados del siglo XI abarcaba Alemania, Austria, Suiza, la mitad oriental de Francia (incluyendo Lorena) y la mitad norte de la península itálica, todo a lo cual se les incorporaba también Bohemia.

Ya en el siglo XII, en 1124, los otonianos fueron reemplazados por la dinastía Salia. Los salios añadieron al *Sacro Imperio* la otra parte sobrante de Francia Media (Reino de Borgoña). De este modo convirtieron el Imperio en una monarquía compuesta, con sus principales ejes situados en Alemania, Península itálica, Bohemia y Borgoña.

A partir de mediados del siglo XII (1137) los sucesivos emperadores de la dinastía de los (*Hofen*)*staufen*, Federico I —*Barbarroja*— y su nieto Federico II —el Grande, *el asombro del Mundo*—, llevaron el poder imperial en asuntos seculares a su límite. Durante el despótico reinado de éste último, el *Sacro Imperio* alcanzó su mayor extensión territorial; en la cúspide de su poder, durante el siglo XIII, los *Staufer* gobernaron, en teoría, desde el sur de la frontera con Dinamarca hasta la isla mediterránea de Sicilia.

Pero cuando murió y la era de los *Staufer* llegó a su fin en 1250, el *Sacro Imperio* pasó a un estadio de *interregnum* que se prolongó hasta 1273, cuando fue coronado Rodolfo I al que sucedió Carlos IV de Luxemburgo. A partir de entonces comenzó un proceso de descentralización del *Sacro Imperio* que transfirió el poder de la antigua aristocracia feudal a la clase burguesa de finales de la Edad Media e inicios de la Moderna, la cual poblaba las ciudades...

De otro lado, ya en los inicios del siglo XIII se vislumbró una expansión del Cristianismo europeo cuyos ejemplos más clamorosos fueron la victoria sobre los almohades en Navas de Tolosa (localizada en la actual provincia de Jaén) en 1212 y la instauración del *Imperio Latino de Oriente* tras la toma de Constantinopla en 1204. Ya desde el inicio del siglo XI hasta finales del XII, las sucesivas Cruzadas promovidas por el Papado pretendían arrebatar a los musulmanes la Tierra Santa; se crearon en este tiempo las ordenes de caballeros (Templarios, Hospitalarios, Cruz de Malta) .

Este proceso de expansión de la cristiandad occidental se corresponde con un resurgir cultural y jurídico con los mismos rasgos romanizantes y cristianos: Las catedrales góticas —con sus novedosos arbotantes y bóvedas de crucería— alzan sus pináculos hacia el cielo; aparecieron las órdenes clericales (franciscanos y dominicos).

De otro lado, y surgidas en el siglo XI, florecen por doquier centros de estudio fuera de los Monasterios eclesiásticos: son las novedosas Universidades donde se estudia en latín con la base de las cuatro facultades clásicas: Teología, Derecho, Medicina y Artes liberales. Citaremos las primeras escuelas que recibieron el reconocimiento de este título de centro *universalis* hasta mediados del XIII: Paris, Oxford, Bolonia, Módena, Vicenza, Cambridge, Palencia, Salamanca, Padua, Nápoles, Toulousse, Valladolid...

Este renacimiento correspondía además al cambio que se operaba en la sociedad y en la economía: decadente la organización feudal y despertando a una nueva vida la industria y el comercio, las fuerzas económicas preponderan y tienden a desligarse de los organismos sociales y a establecer una solidaridad mundial; a la economía familiar y agraria reemplaza la economía del salario y para tales corrientes era cauce estrecho el Derecho germánico-feudal.

Como podemos comprobar, la Alta Edad Media (siglos XII y XIII) supone un contexto europeo de expansión y de resurgimiento en todos los órdenes, con predominio de elementos germánicos, cristianos y romanos.

En este contexto político, social, económico y cultural, el alumbramiento de la acción de jactancia como proceso provocatorio y declarativo de derechos a partir de la Ley *diffamari* y otras secundarias del *Corpus* justinianeo más algunos usos y costumbres germánicos y canónicos fue muy laborioso y necesitó de la sagacidad de los juristas denominados *Glosadores* y *Comentaristas*.

Nos situamos ahora en Bolonia, en el Norte de Italia. Se trata de un territorio que, en este periodo se hallaba bajo la influencia político-cultural germánica: ya desde el año 951, el Norte de Italia fue conquistado por Oton I para el *Sacro Imperio* llegándose a coronar Emperador en Roma en el año 962. En dicha ciudad se fundó, por otra parte, una de las primeras Universidades.

Los *Glosadores* fueron juristas que desenvolvieron su actividad a partir del siglo XI, pero más intensamente en el XII e inicios del XIII utilizando como método de trabajo la glosa o exégesis textual de los textos latinos recibidos a través del *Corpus Iuris Civilis* justinianeo. Sus principales exponentes fueron Irnerio, así como sus discípulos Azo (también conocido como Azio o Acio) y Francesco de Accursio, quienes se constituyeron en los iniciadores del *mos italicus*, característico de la Escuela jurídica de Bolonia.

Con posterioridad, a partir de mediados del siglo XIII y sobre todo en el siglo XIV, aparecieron los *Comentaristas* (también conocidos como *Postglosadores)*. A diferencia de aquellos primeros *Glosadores* de la obra justinianea seguidores de Irnerio, los *Comentaristas* no se limitaron a la interpretación literal de los textos sino que, desde un enfoque pragmático, intentaron adaptar los principios del Derecho Romano a las circunstancias de su tiempo. Dentro de este grupo encontramos a los denominados *Bartolianos*[22] cuyos principales representantes

---

22. Sus obras fueron conocidas en el ámbito jurídico como *Bártulos*. Por consistir éstos en gruesos y numerosos volúmenes, dieron lugar a la expresión forense

fueron Bàrtolo de Sassoferrato (quien dió nombre al grupo) y a su discípulo Baldo de Ubaldis. Lo que esta corriente logró es hacer compatible el Derecho romano justinianeo con el Derecho vigente en la Italia de aquel entonces que no era otro que el Derecho feudal de raíz germánica, el canónico y el estatutario municipal (de Fuero).

Partiendo del método común *mos italicus*, existen notables diferencias entre *Glosadores* y *Comentaristas;* no eran corrientes que se contrapusieran sino que su objeto de estudio era diverso. En cuanto a los *Glosadores*, era el texto en sí mismo[23] y por tanto su labor fue más objetiva; buscaban hacer los textos más comprensibles, específicamente los conceptos dudosos; los *Glosadores* no se atrevieron a cambiar los antiguos textos romanos. Sin embargo, en el caso de los *Comentaristas*, su objeto era la significación o los campos de significación de esos textos, a la luz de pensamiento de la época, la dialéctica escolástica; siguen estudiando el Derecho Romano pero su objetivo fue aplicarlo a las exigencias de la práctica; usaron aquellos textos antiguos como normas y utilizaron las analogías para dichas aplicaciones. Los *Comentaristas* pasan de la aclaración a la interpretación del texto y su aplicación a casos específicos desde un enfoque pragmático.

Los *Comentaristas*, por lo tanto, partiendo del trabajo de los *Glosadores*, fueron un paso más allá: variando el enfoque, su finalidad y pretensión radicó en estudiar aquellos textos romanos para, extrayendo su *ratio* y fundamentos, adaptarlos, reinterpretarlos y permitir su aplicación práctica.

El método *mos italicus* se caracterizó porque sus representantes —*Glosadores* y *Comentaristas*— vieron en el Derecho

---

y posteriormente, coloquial de «dejar o llevarse los bártulos» como metáfora de bagaje variado y voluminoso.

23. Las glosas no eran sino breves comentarios interlineales o marginales a un pasaje o rase del texto que no se pueden comprender separados del pasaje mismo y que sirven, bien para su sentido bien para indicar su conexión con principios generales.

Romano un monumento que consideraron insuperable cuasi sagrado y, en consecuencia, lo aclararon, estudiaron y aplicaron directamente a la realidad social de su tiempo pero, por sus limitaciones culturales, no desentrañaron la génesis histórica de este Derecho sino que lo contemplaron y estudiaron tal y como fue transmitido por Justiniano. En afortunada y gráfica expresión de ESCUDERO[24], el *mos italicus* se condensó en la idea de *«derecho de juristas»* en contraposición al posterior en el tiempo *mos gallicus,* que fue un *«derecho teórico y profesoral»*[25].

---

24. ESCUDERO, José Antonio, *Curso de Historia del Derecho, Fuentes e Instituciones Político-administrativas,* Madrid, 1985, pág. 429
25. Como decimos, ambas corrientes del método *mos italicus,* difirieron en sus planteamientos y finalidades. En efecto, como se ha apuntado ya, existió una inicial escuela de Glosadores que apareció en los inicios del siglo XI, la cual fundó *Irnerio* (1050 a 1130 d.C.), quien al hallar un manuscrito del Digesto del emperador Justiniano en una Biblioteca de Pisa lo estudió de forma gramatical y filológica usando el método exegético. Sus seguidores, que constituyeron la segunda generación, fueron: los «cuatro doctores» (*Hugo* 1110- 1171, *Búlgaro* 1100-1166, *Martino* 1110-1166 y *Jacobo* + 1178); la tercera generación la conformaron los mentados *Azo (o Acio) de Bolonia,* (1150-1230) quien elaboró un reconocidísimo y muy divulgado compendio del Codex, la *Summa Codicis* ademas de *Ugolino del Prete.* El máximo representante de la última generación fue sobre todo *Francesco Accursio* (1182-1263) autor de la reputada recopilación de glosas denominada *Glossa Magna* . Estos glosadores anotaban al margen de los escritos jurídicos acotaciones para entender el contenido de la obra, sin dar ninguna explicación. Su actitud era más bien intelectual, ya que ante las interpelaciones, actualizaciones, cristianización y superación de las contradicciones que se generaron en esa época sobre el Derecho Romano y el Canónico, ellos buscaban aclarar para conducir el pensamiento de los juristas. Tenían una actitud reverencial, no crítica hacia los principios de Justiniano. Ellos no buscaban modificar el *corpus,* sino facilitar su comprensión. A finales del siglo XIII y principios del XIV nace la escuela de Post-glosadores o Comentaristas de Orleans, Francia, donde «el comentario» viene ahora a sustituir a la glosa como forma de estudio e interpretación de lo contenido en los textos de Justiniano. La finalidad de los comentaristas ya no era clarificar lo escrito por ese emperador o por los teólogos, sino pretendían utilizar las fuentes romanas para hacer sistematizaciones del derecho, formular conceptos, clasificar y aplicarlas en la solución de problemas que surgían a raíz de prácticas inadecuadas de esa época. Integran, a diferencia de los glosadores, las tres fuentes de ese momento: romanas, canónicas y germánico-feudales. Sus representantes principales fueron:

Pues bien, en este contexto, resulta opinión aceptada y generalizada que, mediante una reelaboración interpretativa —bien por error bien por retorcimiento y tergiversación interesados— fundamentalmente del viejo «*remedium ex lege Diffamari*», junto con ingredientes de diversa procedencia, enlazando algunos textos romanos con el sentido de las «*provocationes ad agendum*» y el «*auflassung*» del proceso germánico, los *Comentaristas* sentaron las bases para la aplicación práctica ante los Tribunales de una acción provocatoria para la defensa de derechos propios: la *provocatio ex lege Diffamari*.

La «*provocatio ad agendum*» germánica era una especie de intimación que el poseedor de un fundo dirigía a sus convecinos para obtener por su inactividad, la investidura de su propiedad; en el caso de la «*auflassung*» la oposición realizada por quien contradice una enajenación hecha conduce a una declaración, positiva o negativa del poder para realizarla. Y es que, al eclipsarse las ideas romanas, desaparecieron en el periodo del Derecho intermedio tras la caída del Imperio Romano los procesos *praejudiciales* extendiéndose el uso de esta clase de acciones provocatorias entre los pueblos germánicos invasores que atendían a la necesidad de certeza y seguridad jurídica, si bien de una manera burda y primitiva ya que en lugar del proceso, la directa formulación de la voluntad de la ley, puesta en duda de manera extrajudicial, buscaba indirectamente esa certeza provocando al adversario a ejercitar la acción y en su defecto, condenándolo al silencio para el futuro[26].

_____

Jacques de Révigny, Pierre de Bellefeuche, y Pietro de la Bellapértica, precursores de la corriente quienes, por medio del método dialéctico escolástico, extraen de los textos jurídicos las ideas principales e intentan conciliar las discordancias; *Cino de Pístola* (1270-1336), alumno de los anteriores y reconocido por difundir en Italia el método; y *Bàrtolo de Sassoferrato* (1313-1397) alumno de Cino y el comentarista más importante en su época en Europa; realizó comentarios sobre todas las partes del Corpus (salvo las instituciones de Justiniano), tratados sobre temas específicos y opiniones. Finalmente, cabe citar a *Baldo de Ubaldi* (1327-1400), discípulo de Bàrtolo.

26. MARTIN-BALLESTERO HERNÁNDEZ, Luis , *La acción negatoria*, op. cit. pág. 122.

Combinando todos estos elementos, los *Comentaristas* del siglo XIV variaron la naturaleza jurídica y extendieron el significado de la Ley *difamari* romana para adaptarla a las circunstancias de su tiempo:

De un lado, sin olvidar su naturaleza declarativa originaria, la convirtieron también en una auténtica acción provocativa ya que su característica genuina fue precisamente la provocación a otra persona para que entablara un futuro proceso, en oposición excepcionalísima al principio «*nemo invictus agere cogatur*». De otro lado, ampliaron su ámbito a nuevas necesidades sociales de más amplio espectro, cual fue la defensa de cualquier derecho propio o la negación de la atribución frente la jactancia de un tercero.

De este modo, la particular interpretación por parte de estos juristas medievales dio a lugar a que ,en la práctica, se convirtiera en una acción que se amplió a reprimir toda clase de calumnias y las difamaciones a la reputación o a la condición social de una persona; e incluso se llegó, en la práctica, por analogía, a poder ejercitarse bajo su amparo y forma, también las jactancias difamatorias por parte de terceros que se atribuían la titularidad de derechos personales, y en particular, de derechos de crédito.

Fue así cómo, a la vista de que aquella *lex* justiniana ya no podía servir al propósito particular para el cual fue sancionado en época romana, al haber desaparecido la distinción entre hombres libres y esclavos, los *Comentaristas* de aquellos textos la reinterpretaron combinando su *ratio* con otras leyes romanas y germánicas, le atribuyeron una extensión de significado y aplicación que fue tanto a su letra como a su espíritu, y en base a la misma, y consolidaron el uso de un proceso llamado en la práctica judicial con el nombre latino de *iactantia* (*giattanza* se llamó en italiano antiguo) o de *difamación* a partir de la ley que era su fuente *(ex lege Diffamari)*[27].

---

27. GALDI, Domenicantonio, «Commentario del Codice di procedura civile del Regno d'Italia», "Vol I. Stabilimento tipografico di Nicola Jovene. Cortile di S.

Esta doctrina extensiva de la *lex Diffamari* romana, transformado ahora en proceso de *jactancia* o difamación se difundió y extendió, desde mediados del siglo XIII, tanto en la formación académica como en la doctrina jurídica y práctica forense de los Tribunales de la Europa occidental continental. Al parecer, inicialmente fue muy utilizada esta clase de acción por parte de los estudiantes de la Universidad de Bolonia, cuando, terminada su formación, habían de abandonar la ciudad; unas veces se dirigía contra quien, verdaderamente, se había jactado de poseer contra ellos un crédito, y otras la demanda, representando una ficción, trataba exclusivamente de conseguir una sentencia que pusiera de manifiesto que contra el demandante no se había formulado o no había prosperado reclamación alguna[28].

Según opinión general, esta reinterpretación extensiva y pragmática de aquella *lex* justinianea, adaptada las necesidades de su tiempo, fue obra, fundamentalmente del glosador Accursio, y de los *comentaristas* Bártolo de Sassoferrato y Baldo de Ubaldis, su discípulo. A partir de ellos, fue inmenso el número de juristas de toda Europa continental que hasta el siglo XIX favorecieron su extensión, considerándola muy útil para extinguir muchas controversias antes de que hubiesen comenzado[29].

Chiara, Napoles, 1887, pag. 260. *Vide* https://books.google.es/books?id=rZAMAAAAYAAJ&redir_esc=y

28. GARCIA RODULFO, Lisardo; «El Código de las Siete Partidas y su supervivencia en el ordenamiento jurídico contemporáneo: sobre la acción de jactancia y otras instituciones jurídicas..» Tesis. Universidad de Jaén. Departamento DERECHO PÚBLICO Y DERECHO PRIVADO ESPECIAL. 2020 pág. 171, disponible en http://hdl.handle.net/10953/, que cita a SENTIS MELENDO y a DE CASTRO

29. Nos referimos a los juristas humanistas de los siglos XV y XVI tales como el español Luis de Molina, el francés Antoine Favre (Antonii Fabri), los italianos Nicolás Boërio (Boerius) y Matteo de Afflicto (Mateo De Afflictis) y el aleman Ulrich Zasy (Uldarico Zasius) o los pandectistas de los siglos XVII a XIX como el belga Deghewiet, el aleman Missinger, o el español Antonio Perez. En Colonia (Alemania) se publicó desde principios del siglo XVII una colección de tratados sobre este tema especial con el título *Tractattus Variorum super L. Diffamavi, 5., C. De ingen. et manumissis.* (Colonia 1816). En Europa, tras la Codificación,

Estos pleitos prevalecieron con la autoridad del Derecho Romano y se convirtieron en frecuentes en la práctica judicial de los Tribunales de Francia, Flandes, Italia, Alemania y en otros territorios de Europa continental[30].

Ciñéndonos a los territorios hispanos dos obras posteriores firmadas por juristas relativamente cercanas en el tiempo, nos dan cuenta de esta evolución extensiva desde la primitiva *lex* romana a la medieval *provocatio*: nos referimos a Alonso Díaz de Montalvo y a Gregorio López, quienes, al albur de ediciones glosadas y comentadas de la *Siete Partidas* del rey Alfonso X, editadas en los años 1491 y 1555, respectivamente, relacionan directamente aquella justinianea con su reinterpretación como *provocatio ex lege diffamari* por parte de los *Glosadores* y *Comentaristas Bartolianos*.

El jurista avulense Alonso Díaz de Montalvo, en 1491, sin citar expresamente a los primeros *Glosadores* boloñeses, alude[31] directamente tanto a su antecedente justinianeo (*Lex*

---

tras algunas dudas y vacilaciones la figura juridiuca dejó de ser reconocida por los Tribunales y desapareció.

30. En 1829, el jurisconsulto francés Jean (Johannis) Voet se convirtió especialmente en su ferviente defensor, extrañándose de que algunos juristas se atrevieran a disentir de la opinión común; veía en los procedimientos de la jactancia algo análogo a lo que en su tiempo se usaba para para la nunciación de una obra nueva, para el interdicto de los poseedores; y no dudaba de que pudiese aplicarse sobre todo a los negocios del comercio, ya que la fortuna de los mercaderes —decía— descansaba principalmente en su crédito. GALDI, Domenicantonio, «Commentario del Codice di procedura civile del Regno d'Italia», op. cit. pág. 260

31. Al glosar la Ley 46 del Título I de la *Partida* III en su obra *Siete Partidas con las adiciones de Alfonso Díaz de Montalvo. Nosotros hemos seguido la edición de realizada en Venecia (Italia) por Luca Antonio de Iunta en el año 1528* disponible en el Repositorio Documental de la Universidad de Valladolid, *Vide* Las Siete Partidas del ssabio Rey don Alfonso Nono ...: ssacadas de las leyes naturales eclesiasticas [e] imperiales [e] de las fazañas antiguas de España / con la glosa del egregio dotor Alfonso diez de montaluo ... e con la adicion de todas las otras nueuas leyes, emiendas, correçiones que despues por los reyes ssucessores fueron fechas, e nueuamente ... corregidas [e] co[n]cordadas co[n] los verdaderos originales de España [e] añadidas las leyes [e] medias leyes que ... faltauan ... , pág. 310.

Diffamari,Codex,De inge,manu) como a su reinterpretación por los *Comentaristas* Baldo de Ubaldi y Bàrtolo de Sassoferrato, si bien elude desarrollar la idea que apunta.

Más explícitamente, en el año 1555, el jurista extremeño Gregorio López reseña[32] que Baldo interpretó la *Lex Diffamari* del *Codex* justinianeo en el sentido de resultar ser la principal excepción dentro del proceso civil al principio general «*nemo invitus agere cogatur*» que tiene lugar «*cuando el difamado estuviere en posesión de la existencia de su derecho*»; añade que esto se desprende también de la Glosa efectuada por Baldo a la Ley 7 del Libro 9 (*Qui acussare non possunt*) del *Codex* en donde el boloñés señala que únicamente tendrá lugar lo dispuesto en dicha ley (*Diffamari*) cuando el disfamado estuviere en posesión de la existencia de su derecho porque «*por la disfamación parece que se le perturba en su cuasi posesion*». Destaca López que sobre esto hace también al caso lo que observa Bàrtolo sobre la Ley 1, 2 del *Digesto* (*uti. poss.*), a saber, que «*si por las jactancias de alguno negando la titularidad ajena de un predio, obstaculiza o impide encontrar al duelo colonos o aparceros que lo cultiven, puedo decir que me perturba en mi posesión e intentar remedios legales contra el perturbador*».

---

32. Al glosar también la Ley 46 en su obra *Las Siete Partidas del sabio rey Alfonso IX (sic) con la glosa del Licenciado Gregorio Lopez del Consejo Real de Indias de S.M.* Fue reconocido como texto oficial por Real Cédula de 7 de septiembre de 1555. Nosotros hemos seguido la edición publicada por A. Bergnes en Barcelona en 1844. *Vide* Las Siete Partidas del Sabio Rey D. Alfonso el IX / con las variantes de más interés, y con la glosa del lic. Gregorio López ... ; vertida al castellano y estensamente adicionadas con nuevas notas y comentarios y unas tablas sinópticas comparativas, sobre la legislación española, antigua y moderna, hasta su actual estado, por D. Ignacio Sanponts y Barba, D. Ramón Martí de Eixala, y D. José Ferrer y Subirana... ; tomo II. , pág. 62 y ss. Queremos destacar que estos comentarios elaborados por Gregorio López están magistralmente compendiados en GARCIA RODULFO, Lisardo; «El Código de las Siete Partidas y su supervivencia...», op. cit. pág. 146, obra que hemos consultado auxiliarmente. No debe confundirse a este jurista extremeño (Guadalupe/Cáceres 1496-1560) con su nieto Gregorio López de Tovar (Valladolid 1547-1636) que, por demás, completó la obra de su abuelo.

Lo más relevante en este punto es el comentario final de Gregorio López cuando sentencia: *«Parece que semejantes remedios competen por razón de cualesquiera jactancias, ya se refieran al estado de la persona o a la misma cosa (...) y así lo opinan generalmente* (citando aquí a diversos *«Doctores»* interpretadores de la obra justinianea incluyendo a los repetidamente mencionados Baldo, Bàrtolo además de a otros *Glosadores* y *Comentaristas* medievales menos conocidos[33]) *y así se observa en la práctica».* Y añade *«...y lo confirma la ley al usar las palabras ́o en otras cosas semejantes ̀ porque el decir de alguno que retiene alguna cosa contra conciencia ya es hablar de el (sic) bastante mal o difamarle lo suficiente, para que pueda considerársele comprendido en esta ley»*[34]

Nítidamente ya desde los siglos XV y XVI, se nos está poniendo de manifiesto que la labor interpretadora de los *Postglosadores* a partir de la *lex* romana permitió conformar y configurar definitivamente una categoría general de una acción dirigida contra quien pone en duda la titularidad de derechos ajenos (jactante) con un objeto amplio o ampliado más allá de la letra de la *lex* romana que incluiría tanto derechos personales como reales con la finalidad de obligar al *«malediciente o difamador»* a sostener su jactancia reclamando tal derecho en ese mismo proceso o a callar[35].

---

33. Como Joan de Ymola, Inocencio, Abad Panormitano y Paulo de Castro, todos del siglo XV.

34. *Las Siete Partidas del sabio rey Alfonso IX (sic) con las variantes...*op cit. pág. 62 y ss.

35. Según Gregorio López, además tanto Bàrtolo como Santo Tomás incluyeron en sus obras diversos ejemplos, casos o supuestos de obligación de acusar: a).- La acusación de homicidio: Nos dice López que Bártolo glosó sobre la ley 15 del *Digesto «de accus»* opinando que *«sobre si en algún caso puede el juez obligar a proponer una acusación»* afirmativamente, si se tratase de un crimen de homicidio. b).- La difamación consistente en mantener que el predio del actor no le es propio o que este no encuentra colonos o trabajadores para explotarlo. Gregorio López le atribuye a Bártolo al glosar la Ley 1 del *Digesto: «si por las jactancias de alguno, que dice que el predio no es mío, no encuentro yo colonos o apareceros que lo cultiven, puedo decir que se me perturba en la posesión, e*

A partir de lo expuesto, se alcanza el convencimiento ampliamente generalizado en nuestra Doctrina actual[36] de que —ya fuera por un error de interpretación sobre el alcance de los textos romanos ya fuera porque quisieron interesadamente apoyar en su autoridad— configuraron una acción que consideraron necesaria para la eficaz protección de toda clase de derechos.

---

intentar los remedios legales contra el perturbador». c).- La atribución de delitos en detrimento de la República. López comenta que asi se manifiesta Santo Tomas en su obra *Questiones. Las Siete Partidas del sabio rey Alfonso IX (sic) con las variantes...*op cit. pag. 62

36. BOTANA LÓPEZ, José Maria; «La acción declarativa en el proceso laboral», Tesis Doctoral, Universidade da Coruña. Departamento de Dereito Público Especial, 1994, pag.44, disponible en http://hdl.handle.net/2183/1008; GARCIA RODULFO, Lisardo; «La acción de jactancia: Estado..», págs. 110-111; GARCIA RODULFO, Lisardo; «El Código de las Siete Partidas y su supervivencia...». op cit. pág. 172 y ss. desarrolla en esta Tesis Doctoral el argumentario de toda la pléyade de autores de la Doctrina de principios y mediados del siglo XX; ABAL OLIU, Alejandro; «El proceso de jactancia en el CGP luego de la Ley N° 19.090», Revista de Derecho (UCUDAL). 2da época. Año 13. N° 15 (jul. 2017). ISSN 1510-3714. ISSN on line 2393-6193, pag.13 citando a ARLAS, José A., «Juicio de Jactancia» en Revista de Derecho, Jurisprudencia y Administración (1969), t. 67, 1pags. 18-119. Por demás, resulta un lugar común citar en este sentido a GALANTE, Vicenzo; *Diritto processuale civile, Parte genérale,* Editorial L. Álvaro, Nápoles, 1910; BECEÑA GONZALEZ, Francisco; *Magistratura y Justicia. Notas para el estudio de los problemas fundamentales de la organización judicial,* Victoriano Suárez, Madrid, 1928; FRAGA IRIBARNE, Manuel; *La acción meramente declarativa,* Editorial Reus, Madrid, 1951; DE HINOJOSA FERRER, Juan; «Alrededor de la acción de jactancia», *Revista de Derecho Privado.* Editorial Reus. Madrid. Tomo XXXII, 1948; PRIETO-CASTRO FERRANDIZ, Leonardo; «La acción declarativa (un estudio de historia, doctrina y legislación procesales)», *Revista General de Legislación y Jurisprudencia,* n° 161, Madrid, 1932

ACTO III

EL PROCESO DE JACTANCIA «*CLÁSICO*» EN EL DERECHO CASTELLANO

La recepción del *ius commune* en Castilla. La Ley 46 del título II de la Partida III, de las *Siete Partidas* (*circa* 1265) de Alfonso X *El Sabio*: Su configuración y naturaleza jurídico-procesal

Murcia (Reino de Murcia).
30 de agosto de 1258
Hogar de la familia de las Leys

El sol refulgía en el mediodía murciano.

Juana agarró al joven Bonajunta de la mano; cruzaron la casa y se lanzaron hasta el patio del fondo; le sorprendieron sentado bajo el peral de la huerta, apoyando su espalda en su tronco. Gritó Juana:

— ¡Giacomo, Giacomo!

—...*sai veramente preferisco chiami Jacobo*[37]

— *Vai*, Jacobo, me entregaron esto para ti— Es de Su Majestad.

Jacobo tomó el manuscrito *iluminato* sobre pergamino que le tendía su esposa y lo leyó para sí:

---

37. «*Sabes bien que prefiero que me llames Jacobo*»

> «*Sepan cuantos esta carta vieren e oyeren que Nos, Alfonso, por la gracia de Dios rey de Castiella, Leon, Toledo, Gallizia, Sevilla, Cordova, Murcia, Jahen e del Algarve damos e otorgamos a Jacobo de las Leys la huerta que fue de Enea, que es a la puerta de Macarena que ha por linderos (...) E porque esto sea firme y estable mandamos seellar esta carta con nuestro seello y plomo . (...)*
>
> *Johan Perez de Cibdat la fizo por mandado de Millan Perez de Ae-ellon en el anno sezeno que el rey don Alfonso regnó*
> *(1258)*»

Jacobo sonrió levemente; miró alternativa pero pausadamente a Juana y a su vástago. Musitó:

— Alfonso, nuestro rey ha tenido un detalle para conmigo; me entrega como donación, una huerta en Sevilla, a la vera del Guadalquivir.

— Es un bello gesto que le honra, Jacobo. Lo mereces. Creo que era lo menos que podía hacer. Y ciertamente, deberíamos pensar en trasladarnos en las próximas semanas a tierras andalusíes.

Jacobo se levantó:

— Mal momento ahora mismo, Juana. Precisamente, además del embrollo de las *Partidas* que me encargó Alfonso, ando enfrascado en la redacción de un *Doctrynal* en lengua romance castellana para que Bonajunta pueda comprender las lecciones de Derecho que recibirá en la Universidad.

— ¿Para mí? — exclamó el joven.

— Si, hijo. Ten en cuenta que las recibirás en latín y no quiero que te espantes ni te desesperes

— Pero, padre, ¿y por qué se llama *Doctrynal*?

— Hum.. Verás. Lo llamo *Doctrynal* porque, según lo veo, será la doctrina resumida para todos los pleitos; lo he extraído del corazón de las leyes. De este modo, hijo, podrás conocer todo el derecho o la mayor parte de los pleitos...

Las Siete Partidas (*circa* 1265): Hasta ahora hemos aludido a esta norma castellana en varias ocasiones. Por desbordar el ámbito y objeto de este estudio, no es éste el lugar para ponderar como se merece el gigantesco mérito y valor de esta irrepetible y monumental obra. Baste consignar aquí que, desde un punto de vista jurídico, supone la recepción para el Derecho de Castilla del *ius commune* que se estaba forjando por los juristas europeos en aquel momento. Como acabamos de exponer, en el siglo XIII se encontraba en pleno apogeo en Europa la *recepción* del Derecho romano decantado por los juristas —junto con el Derecho canónico y germanista— dando lugar al llamado *ius commune*, ese derecho de origen doctrinal (basado en el *mos italicus*, el «derecho de los juristas») que aspiraba a superar los particularismos y localismos jurídicos en la Europa medieval.

Conviene, no obstante, poner de relieve nuevamente el contexto en el que nos movemos.

Como nos expone magistralmente ALCALÁ-ZAMORA CASTILLO[38] , tres factores explican el éxito de la *recepción* en toda Europa —Inglaterra incluida— de aquel *ius commune*: de un lado, los estudiantes de toda Europa que, atraídos por el prestigio de la Universidades italianas concurrían a sus aulas, al regresar a sus países, territorios fueron sustituyendo de forma paulatina e innecesante en su actuaciones como juristas, jueces, abogados, legistas.. el Derecho germánico feudal por el repetido *ius commune* que habían estudiado; por otra parte, los tribunales eclesiásticos, instalados por doquier aplicaban este derecho común en las causas mixtas que conocían; por último, los monarcas vieron en la resurrección del Derecho Romano un eficaz instrumento para afirmar su poder sobre las banderías nobiliarias y particularismos locales.

---

38. ALCALA-ZAMORA CASTILLO, Niceto; *Evolución de la Doctrina Procesal*, Conferencia dada en San José (Costa Rica) el 21 de abril de 1949; posteriormente publicada en *El Foro*, junio, 1950, México, págs. 107-143 y en *Revista de la Universidad de Costa Rica,* julio,1951, págs. 327-350

Y precisamente en este último es aspecto donde debemos encuadrar la labor jurídica de Alfonso X *el Sabio*.

Como nos recuerda MONTERO AROCA[39], *Partidas* son, sin duda, el monumento jurídico más importante de nuestra historia (la de todos los países de lengua española), no superadas ni siquiera por la Codificación, pues gravitaron durante seis siglos sobre la vida española (desde el Reino y Corona de Castilla, hasta la España de la Edad Moderna pasando por el Imperio) y durante cuatro sobre la de Hispanoamérica, llegando vivas hasta el siglo XIX. Sin atender aquí a la discutida atribución de *Partidas* al reinado de Alfonso X *el Sabio* (1252-1284), ni a su finalidad política, ni a su estilo y funcionalidad claramente doctrinal, sí hay que destacar:

a) Dada la situación del siglo XIII la obra sólo podía estar basada en la *recepción* del *ius commune*.

b) Atendido su contenido, tuvieron una inmediata difusión y gran éxito entre la nueva clase de juristas profesionales que se estaba formando en el espíritu del *ius commune* si bien, correlativamente, provocó el rechazo del hombre común, que pretendía seguir rigiéndose por sus fueros y costumbres feudales de origen germánico (visigótico). Y es que los juristas de la época aparecen como un grupo o casta que cultiva una nueva ciencia, de la que queda excluido el pueblo llano, incluso por la lengua utilizada (latín frente al romance castellano).

En efecto, asumido (o recepcionado) en *Partidas* el Derecho común se produjo, por un lado, el rechazo de las mismas por el pueblo (lo que impidió incluso que llegaran a promulgarse como ley vigente) y, por otro, su difusión entre los juristas, dándose el contrasentido de que una norma no promulgada fuera aplicada frecuentemente por los Tribunales.

---

39. MONTERO AROCA, Juan, *Derecho jurisdiccional II. Proceso Civil*, Tirant Lo Blanch, Valencia, 2010, 18ª edición, pág. 12.

Como decimos, *Partidas* nunca fueron formalmente promulgadas como Ley; no tuvieron eficacia legal alguna en el momento de su publicación sino que fueron concebidas con una finalidad meramente doctrinal. A la vista de que, a pesar de ello («*nin fueron ávidas por Leys*») eran materialmente aplicadas, aludidas y citadas ante los Tribunales castellanos, un siglo después —en 1348— al promulgarse por Alfonso XI, biznieto del Rey Sabio, el *Ordenamiento de Alcalá* se estableció dicha eficacia dentro de un sistema de prelación de fuentes del Derecho:

> «...*queriendo poner remedio convenible a esto*[40] *establescemos e mandamos que los dichos fueros sean guardados en aquellas cosas y que se usaron salvo en aquellas que Nos fallaremos que se deben mejorar y e emendar, e en las que son contra Dios y e contra raçon e contra Leys y que en este nuestro libro*[41] *se contienen y por las quales Leys en este nuestro libro mandamos que se libren primeramente todos los pleytos ceviles y e creminales ; e los pleytos e contiendas que se non pudieren librar por las Leys deste nuestro libro y e por los dichos fueros y mandamos que se libren por las Leys contenidas en los Libros de las Siete Partidas que el Rey Don Alfonso nuestro Visabuelo mandó ordenar, (...) et tenemos por bien que sean guardadas y e valederas de aquí adelante en los pleytos, e en los Juicios , e en todas las otras cosas , que se en ellas contienen, en aquello que non fueren contrarias a las Leys deste nuestro libro, e alos fueros sobredichos...*»

Quedaba así sancionada la aplicación, en primer lugar, del propio *Ordenamiento de Alcalá* y en su defecto, los Fueros municipales en cuanto no «*fueren contra Dios, la razón y las leyes*»: *Partidas* aparecen en el tercer nivel, la última fuente, aplicable sólo de modo supletorio. Sin embargo, lo que en realidad sucedió es que cualquier Fuero o el *Ordenamiento* resultaron

---

40. Con el pronombre demostrativo «*esto*» se estaba refiriendo el legislador a la dispersión y pluralidad jurídica en el Reino de Castilla
41. Aquí está aludiendo, precisamente, al Ordenamiento de Alcalá

ser textos de muy corto alcance cuyas numerosas lagunas acabaron siendo colmadas por la monumental *Partidas* , previsoras de casi todo y cuyo rigor en técnica jurídica era incomparable; máxime teniendo en cuenta que a esas alturas del siglo XIV concurrían a los Tribunales numerosos juristas formados en el mismo *ius commune* recogido en ellas[42].

En particular, en la Tercera de las *Partidas*, la que se ocupa de los procesos judiciales se recogió lo mejor que sobre esta materia se contenía en el Digesto, *Codex* y algunas Decretales canónicas y entresacando lo poco digno de aprecio en el Derecho visigótico, llenaron el vacío de la legislación de los Fueros territoriales[43].

En la legislación posterior, desde los siglos XIV hasta el XIX anterior a la Codificación (Ordenamiento de Montalvo —1484—, Leyes de Toro —1505—, Nueva Recopilación —1567—, Novísima Recopilación —1808—) y a pesar de su afán de mejora, se parte implícitamente de que la norma aplicable es la contenida en *Partidas*, y se trata de ir llenado lagunas de la misma o de modificarla en aspectos concretos. En efecto, en toda la legislación posterior a las *Partidas* se parte de la vigencia de éstas y, por tanto, las normas sucesivas son o complemento o modificación de aquéllas. Por ello, era práctica en la Doctrina en muchas ocasiones, y sobre cualquier tema, explicar primero lo que decían las *Partidas*, para luego completar con el contenido del título correspondiente de la demás legislaciones posteriores[44]. Lo cierto es que todo ello provocó que en España desde la Baja Edad Media hasta la Codificación —en el último tercio del siglo

---

42. ESCUDERO, José Antonio, *Curso de Historia del Derecho...*op. cit. pág 467-468

43. En donde, sobre la materia, existía un «*inmenso vacío*» en palabras de MARTINEZ MARINA, *Vide* MINGUIJON ADRIAN, Salvador; «Historia del Derecho Español», Biblioteca de Iniciación Cultural, Editorial Labor, Cuarta edición revisada, 1953, pág. 91

44. Sobre el alcance y trascendencia de lo dispuesto en el Ordenamiento de Alcalá, *Vide* OTERO VARELA, Alfonso, «Las Partidas y el Ordenamiento de Alcalá en el cambio del ordenamiento medieval», Anuario de Historia del Derecho, Nº 63-64, 1993-1994, págs. 451-548.

XIX— reinara la confusión normativa, lo que, unido a los malos usos, y los vicios en la praxis a su amparo, hacía la Justicia lenta, difícil y costosa.

Volvamos a 1265. La tan repetida Ley 46 se sitúa como primera norma del Título II («*Del demandador e de las cosas que ha de catar, ante que ponga la demanda*») dentro la *Partida* III, la que se dedica al proceso ya que «*Que fabla de la justicia, e como se ha de facer ordenadamente en cada logar por palabra de juizio, e por obra de fecho, para desembargar los pleitos*». La edición de las *Siete Partidas* comentada por Gregorio López[45] dice así:

«*Ley XLVI. Que ningún ome non deue ser constreñido que faga su demanda, si non quisiere, fueras ende en cosas señaladas. Constreñido no deue ser ningún ome que faga demanda a otro, más el de su voluntad la deue fazer si quisiere: fueras ende, en cosas señaladas, quel puedan los judgadores apremiar, segund derecho para fazerla. E la vna dellas es, quando alguno se va alabando, e diciendo contra otro, que es su sieruo, o lo enfamando, diciendo del otro mal ante los omes. Ca en tales cosas como estas, o en otros semejantes dellas, aquel contra quien son dichas, puede yr al juez del logar, e pedir, que costriña a aquel que las dixo, que le faga demanda sobrellas en juyzio, e que las prueue, o que se desdiga dellas, o quel faga otra enmienda, qual el judgador entendiere, que será guisada. E si por auentura fuesse rebelde, que non quisiese fazer su demanda, después que el Judgador gelo mandase, dezimos, que deue dar por quito al otro, para siempre: de manera, que aquel nin otro por el, non le pueda fazer demanda sobre tal razón como esta. E avn dezimos, que si dende en adelante se tornasse a decir del, aquel mal que ante auia dicho, que el judgador gelo deue escarmentar: de manera, que otro ninguno, non se atreua a enfamar, nin a decir mal de los omes tortizeramente[46].*»

---

45. Como queda dicho, es la que hemos seguido. *Las Siete Partidas del sabio rey Alfonso IX (sic) con las variantes...op cit.* pág. 62

46. En traducción libre que hacemos, en castellano actual su traducción podría ser: «*No debe ser constreñido ningún hombre a demandar a otro pero su voluntad*

La contemporánea SAP Madrid 9ª de 30 de junio de 2014 subraya que en esa Ley se formulaba una excepción al principio general de que nadie puede ser obligado a interponer una demanda, o lo que es lo mismo, de disponibilidad de la acción; establecía la posibilidad de que los jueces obligasen a una persona que se jactaba, —de ahí su nombre, señala—, de una relación de superioridad respecto de otro *(cuando uno se va alabando, e diciendo contra otro, que es su siervo)* o la difamaba *(o lo enfamando, diziendo del otro mal ante los omes)*, a interponer demanda para que esos dichos se declarasen judicialmente. O bien intimarle a que los pruebe o se desdiga. O bien, que sea obligado a enmendarse reconociendo su error. Para el caso de que el demandado se negase a ello, la Ley faculta al Juez para prohibir que el objeto de los dichos pueda servir de base, en el futuro, de contienda judicial, declarando la falsedad de lo afirmado. Si la jactancia, o la infamia, se reprodujesen, el jactante o el difamador, serán «*escarmentados*» de modo que «*otro ninguno non se atreva a enfamar, nin a dezir mal de los omes tortizeramente*».

Podemos afirmar —y existen suficientes evidencias científicas de ello— que fue el jurista de origen italiano pero de arraigo hispano Jacobo de las Leyes[47] el autor material —que no formal

---

debe hacer lo que quiera; fuera de las cosas señaladas, que pueden los juzgadores apremiar a que se haga. Uno de ellos es si va alabando y diciendo contra otro, que es siervo o le va infamando y diciendo del otro mal ante los hombres. En casos como este o en otros semejantes, aquel contra quien son dichos puede ir al juez del lugar y pedir que obligue a aquel que las dice, que las haga ante el juzgado. Y si por ventura fuere rebelde, y no quisiere hacer su demanda, después que el juzgador lo mandase, que él ni ningún otro puedan hacer demanda sobre tal motivo. Y aún obedeciendo que si en adelante volviese a decir el mal que había dicho, el juzgador lo debe escarmentar, de manera que nadie se atreva difamar ni decir mal de los hombres torticeramente»

47. Sobre la vida y obras de Jacobo de las Leyes, según nos da cuenta PEREZ MARTIN: «*Rafael Ureña y Smenjaud y Adolfo Bonilla y San Martín afirmaban en 1924: «Durante muchos años no se ha sabido del llamado Maestro Jacobo o Jácomo Ruiz, el de las leyes, sino lo que D. Francisco Martínez Marina, en su clásico Ensayo histórico-crítico sobre la legislación y principales cuerpos legales*

que, por convención, atribuiremos al rey Alfonso X el *Sabio* — de la Tercera *Partida*[48], la dedicada, como queda dicho, a las normas procesales. Conviene enfatizar, en todo caso, que Jacobo de las Leyes formaba parte —como el resto de colaboradores de Alfonso— de aquellos juristas instruidos en Universidades euro-

---

de los reinos de León y Castilla (libro VII), alcanzó a recopilar: que aquel jurisconsulto fue ayo del rey D. Alfonso el Sabio, siendo éste infante; que sus Flores de Derecho fueron trasladadas, en su mayor parte, a las Partidas, y que dicho soberano le nombró juez y le dio repartimiento en Murcia». (...) Su apellido originario era el de Giunta, (Zunta, Ureña y Bonilla dicen Giunti) traducido al romance castellano como de la Junta. Este apellido pasa a su hijo Bonajunta. Se puede dar por seguro su origen italiano. (...) La Vida del maestro Jacobo presenta muchas incógnitas. La etapa anterior a su estancia en Castilla al servicio de Alfonso X el Sabio sigue siendo todavía un enigma. Aunque desconocemos la fecha y el lugar de su nacimiento, suponemos que debió nacer en Italia en torno a 1220. Jacobo debió iniciar los estudios jurídicos en torno al 1240 en alguna de las universidades italianas (¿quizás Bolonia?). (...) Su venida a la corte castellana debió ser al final del reinado de Fernando III o principios del de Alfonso X (...) Durante la estancia de Jacobo en Castilla aparece con los títulos de maestre, micer o çer, doctor en leyes y caballero (..) En una primera etapa Jacobo debió residir en Sevilla, donde había recibido del rey una huerta. No obstante, posteriormente trasladó su residencia a Murcia, donde recibió varias posesiones. El Maestro Jacobo muere el 2 de mayo de 1294. (...) Entre las obras debidas a la pluma del maestro Jacobo se pueden hacer dos grupos: uno con las obras en las que él figura como autor material y formal (Suma de los nueve tiempos —copia casi literal del Ordo iudiciarius 'Ad summariam notitiam' de Petrus Hispanus, obra esta que tuvo un éxito enorme— ;Doctrinal de los pleitos —elaborado simultáneamente a Partidas circa 1265, es una obra dedicada por Jacobo a su hijo Bonajunta de las Leyes para que estudie en romance lo que y después en la Universidad tendrá que estudiar en latín—; Flores del Derecho —circa 1252, —) y otro con obras en las que él fue el principal autor material, mientras su autor formal fue el rey Alfonso X el Sabio (Fuero Real, El Espéculo, las Siete Partidas y el Setenario —tres estadios de una misma obra)». PEREZ MARTIN, Antonio; *Jacobo de las leyes: Urueña tenía razón*, Anales del Derecho. Universidad de Murcia. Número 26, 2008, págs. 251-273.

48. También a tenor de la opinión más autorizada, hoy sabemos que, junto a Jacobo, el Maestro Fernando Martínez, —Arcediano de Zamora—, el leonés Juan Alonso, —Escribano del Reino— y el Maestro Roldán colaboraron con el rey sabio en la redacción del conjunto de las *Siete Partidas*.

peas o del Norte de Italia donde se enseñaba el *ius commune*. En este sentido, contamos con otras obras de Jacobo que nos pueden ayudar a interpretar y desentrañar la naturaleza y el alcance de esta norma alfonsina. En efecto, la posibilidad de «demanda provocada» es reseñada en su obra *Doctrinal de los pleytos*[49] , en concreto, en su Libro Segundo, Titulo 4, capitulo IV. Interesa poner de manifiesto que esta obra es un compendio o *Summa* de Derecho «Procesal» en la que se copia casi literalmente la *Partida* Tercera y que probablemente fue elaborada de modo simultáneo a ésta. Allí donde se nos dice:

> «*Eso mismo*[50] *puede fazer el juez quando algún omne va defamando a otro publicamente, o diziendo fulan omne es mi siervo o mi solariego, o otra cosa semejante de que se tenga por agraujado; ca si aquel de quien dize alguna cosa destas viniere antel juez, z pidiere que faga enplazar a aquel quel anda asy difamándolo, deuelo el juez fazer, z mandarle que faga de dos cosas la vna; o quese quite délas palabras que va dizjendo de aquel omne z fagal emjenda de aquel tuerto quel fizo en dezjrlas, o que gelo prueue en juyzjo z si alguna cosa destas no quisiere fazer, puedel demandar el juez en sentencia, que de aquel dia en adelante njn vaya enfamando sobre aquellas cosas, njnle pueda demandar en juyzjo sobreellas*»

El precepto que ahora estudiamos también se reseña en su anterior obra *Flores del Derecho*[51], en concreto en el Libro I, Tí-

---

49. Nosotros hemos manejado la versión digital disponible en la Biblioteca Jurídico Digital Antonio Reverte que toma como fuente la Biblioteca Nacional de España, *OBRAS DEL MAESTRO JACOBO DE LAS LEYES JURISCONSULTO DEL SIGLO XIII PUBLICADAS, EN VIRTUD DE ACUERDO DEL ILUSTRE COLEGIO DE ABOGADOS DE MURCIA RAFAEL DE UREÑA Y SMENJAUD y ADOLFO BONILLA Y SAN MARTÍN Profesores de la Universidad de Madrid, 1924, TALLERES TIPOGRÁFICOS DE LA EDITORIAL REUS S. A*, pag.247. Vide Jacobo_Obras_UreñaBonilla.pdf

50. Se refiere a los casos señalados en que «*en que puede ser dada la sentencia dyfinjtiva, commo quier quel plejto no fuese contestado por rrepuesta*»

51. Nosotros hemos manejado la versión digital disponible en la Biblioteca Jurídico Digital Antonio Reverte que toma como fuente la Biblioteca Nacional de España, *OBRAS DEL MAESTRO JACOBO DE LAS LEYES JURISCONSULTO DEL*

tulo XIV, Ley 2. Cabe recordar que esta obra era una especie de manual para iniciados en el arte y oficio de la ciencia jurídica práctica que fue elaborado probablemente en 1252[52], es decir, probablemente unos años antes de elaborarse la Partida III. Se nos dice allí:

> «*Maguer que el derecho dize que non deue ser costrinngido el demandador pera fazer sua demanda se non quando quisier: cosas son sinaladas sobre que deue seer constringido que demande se non quisier demandar, z que deuedes uos de uestro oficio saber la uerdat de todo el pleyto de llano z de termínalo* por sentencia, *z de dar qual quier délas partes por libre z por culpada, segundo que fallardes por derecho. E los casos señalados son estos: se alguno uay dizendo publicamente pola cale que tal omne es su uassallo, o su sieruo; o dize que es traydor; olo uay publicando de alguno fecho tal de que sería confamado o ualdra menos selle fur prouado;* (...).*

SIGLO XIII PUBLICADAS, EN VIRTUD DE ACUERDO DEL ILUSTRE COLEGIO DE ABOGADOS DE MURCIA RAFAEL DE UREÑA Y SMENJAUD y ADOLFO BONILLA Y SAN MARTÍN Profesores de la Universidad de Madrid, 1924, TALLERES TIPOGRÁFICOS DE LA EDITORIAL REUS S. A, págs. 90- 92. *Vide* Jacobo_Obras_UreñaBonilla.pdf
52. Según nos da cuenta PEREZ MARTIN: «*Esta obra se ha conservado en numerosos manuscritos, de los que se han hecho dos ediciones, más una versión al catalán y otra al portugués. Aparece con los nombres de Leyes, Flores de las Leyes, Flores del Derecho, Suma de Maestre Jacobo, Flors de les leys, Obra deis alcayts et del iutges qui deven iutgar .Comienza con un prólogo en el que « maestre Jacobo, maestre de las leyes » ofrece a Alfonso Fernández la obra que ha compuesto a petición suya; le manifiesta que en ella recoge una selección de leyes romanas, distribuidas en tres libros para que por ellas pueda resolver los pleitos. En consecuencia, el destinatario de la obra es Alfonso Fernández. He mantenido que con estos vocablos Jacobo no se refiere al rey Alfonso X el Sabio, sino a su hijo natural, conocido como Alfonso el Niño. (...) En definitiva, estamos ante un tratado del procedimiento del « ius commune» breve, bien elaborado y terminado. Buena prueba de ello es su estilo pedagógico, la claridad de su exposición y la utilización de un lenguaje cuidado similar al de las Partidas*». PEREZ MARTIN, Antonio. *La obra jurídica de Jacobo de las Leyes: las Flores del Derecho*. Cahiers de linguistique hispanique médiévale. N°22, 1998. pags. 247-270; doi : https://doi.org/10.3406/cehm.1998.896 https://www.persee.fr/doc/cehm_0396-9045_1998_num_22_1_89

En estos casos sobredichos z ensos semejables, podedes costringir estos a tales que fagan su demanda, se uos lo demandare aquel cuyo es el fecho; z se fazer nonio quisieren, mandadeles z defendeles que desde esse dia adelante, que non demanden anenguno nenio enfame[n] de tales cosas sobredichas, ca selo fezieren uos fazeredes contra ellos lo que fur derecho»

De la interpretación comparativa de los tres textos (*Partidas, Doctrinal y Flores*) se colige y deduce, a nuestro entender:

1. La posibilidad de provocar a demandar se constituía como una excepción («*cosas señaladas*») a la regla general de que nadie está obligado a formular demanda.

2. La difamación o agravio había de manifestarse de manera pública, ante terceros (*«ante omes /publicamente por la cale»*).

3. El proceso se iniciaba por el difamado o agraviado, dirigiéndose al Juez que debía emplazar al otro para que le obligue (*«constriña»*) a decidir sobre esta alternativa: a) Que rectifica o se desdijese de las palabras difamantes de derechos de los que se jactaba o b) Que formulara demanda dentro de ese mismo proceso y que las probara. Si no optaba por ninguna de estas posibilidades, declarado en rebeldía, el Juez le condenaría en sentencia, a que callara para siempre (*«el Juzgador deberá dar por quito al otro para siempre»*) de manera que de aquel día en adelante no debería afirmarlas ni podría demandarlas en juicio.

4. En cuanto a su objeto, en la Ley 46 de la Tercera de las *Partidas* únicamente se alude expresamente al supuesto de difamación personal (cuando alguien se alabe ante otros hombres hablando mal o peyorativamente —diciendo que es su siervo— contra algún otro) aunque añade, sin precisar, que resultaría aplicable a «*otros casos semejantes*»; más expresivo aun es *Flores* donde se detallan esos excepciones, esos «*casos señalados*» que, además de los anteriores «*son estos: (...) o dize que es traydor; o lo uay publicando de alguno fecho tal de que seria confamado o*

ualdra menos selle fur prouado» y casos «*semejables».* Finalmente, en la *Doctrinal,* con un propósito sintético, el
jurista lo resume en que se tratarían de difamaciones personales («*siervo*») o de titularidad de derechos reales-per-
sonales («*solariego*») añadiendo de nuevo que es aplicable
a «*cosa semejante de que se tenga por agraviado».* Sabemos ya que, en 1555, Gregorio López al glosar las *Partidas*
destacó que[53]: «*Parece que semejantes remedios competen
por razón de cualesquiera jactancias, ya se refieran al estado de la persona o a la misma cosa (...) y así lo opinan
generalmente y así se observa en la práctica».* Y añade «...*y
lo confirma la ley al usar las palabras ´o en otras cosas
semejantes`porque el decir de alguno que retiene alguna
cosa contra conciencia ya es hablar de el (sic) bastante
mal o difamarle lo suficiente, para que pueda considerársele comprendido en esta ley*»[54]

Tenemos por tanto expuesta aquí la esencia del *proceso o pleyto de jactancia* «clásico» o «histórico» del Derecho castellano.

---

53. En su obra *Las Siete Partidas del sabio rey Alfonso IX (sic) con la glosa del
Licenciado Gregorio Lopez del Consejo Real de Indias de S.M.* Fue reconocido
como texto oficial por Real Cédula de 7 de septiembre de 1555. Nosotros hemos
seguido la edición publicada por A. Bergnes en Barcelona en 1844. *Vide* Las
Siete Partidas del Sabio Rey D. Alfonso el IX / con las variantes de más interés,
y con la glosa del lic. Gregorio López ... ; vertida al castellano y estensamente
adicionadas con nuevas notas y comentarios y unas tablas sinópticas comparativas,
sobre la legislación española, antigua y moderna, hasta su actual estado, por
D. Ignacio Sanponts y Barba, D. Ramón Martí de Eixala, y D. José Ferrer y
Subirana... ; tomo II. No debe confundirse a este jurista extremeño (Guadalupe/
Cáceres 1496-1560) con su nieto Gregorio López de Tovar (Valladolid 1547-1636)
que, por demás, completó la obra de su abuelo. Queremos destacar que estos
comentarios elaborados por Gregorio López están magistralmente compendiados
en GARCIA RODULFO, L; «El Código de las Siete Partidas y su supervivencia...»,
op. cit. pág. 146, obra que hemos consultado auxiliarmente.
54. *Las Siete Partidas del sabio rey Alfonso IX (sic) con las variantes...*op cit.
pág. 62 y ss.

Para comprobar cuál fue el alcance práctico y el desenvolvimiento que esta Ley 46 alfonsina en los Tribunales castellanos, puede resultar ilustrativo y pedagógico exponer sucintamente algunos casos ejemplificativos extraídos de los archivos históricos. Y es que, en efecto, existen numerosas y abundantes evidencias documentales que dan cuenta de la extensión de su uso forense así como del modo en que se desenvolvía este proceso provocativo en la práctica, hasta la época de la Codificación.

Lo primero que cabe destacar es que se constata que el término forense utilizado es el de *«jactancia»* —transposición de los términos *«iactantia»* en latín y *«giattanza»* en toscano, italiano antiguo— si bien se le anteponen indistintamente diferentes conceptos jurídico-procesales: «proceso», «demanda» y «pedimento», petición», «acusación».

En cuanto a su objeto, hemos creído oportuno repasar someramente los repositorios digitales localizados en diversos archivos históricos[55]. En todos ellos constan abundantes evidencias documentales en donde se abordan, desde distintas ópticas, procesos de jactancia: pleitos civiles en sentido estricto, ejecutorias de pleitos civiles, pleitos seguidos en la Universidad planteados por estudiantes (relativos a jactancia de promesa de matrimonio), pleitos nobiliarios, causas penales, procesos canónicos, informes, alegaciones de Fiscales, consultas, solicitudes de inhibición, traslados, cartas de pago...

De su examen se desprende que, en efecto, en cuanto a su objeto, se referían tanto al estado de las personas, como a derechos reales como personales así como cuestiones relacionadas con el derecho al honor; en definitiva, disfamación entendida en sentido amplio, esto es, como perjuicio en fama o fortuna propia:

---

55. En concreto, los agrupados en el Portal de Archivos Españoles, (PARES) donde constan los fondos de los archivos de la Real Chancillería de Valladolid, de la Corona de Aragón, así como los Históricos Provincial de Álava, Nacional, de la Nobleza y de la Inquisición; en el Archivo Foral de Bizkaia y diversa documentación judicial localizada en Internet Archive

— De un lado, sobre la titularidad de la posesión y propiedad de ciertos bienes y de derechos: de censo, tanteo y retracto, de pastos... sobre sucesión y titularidad de mayorazgos, sobre titularidad de herencias, en relación a obligaciones personales incluidas las dinerarias...es decir frente a quien se dice y se jacta ser titular de esta clase de derechos.

— También aparecen procesos por difamación personal *stricto sensu*: calumnias, infamias, titularidad de títulos nobiliarios, pretensión de ocupar oficios propios de hidalgo...

— Finalmente, en relación con el estado de las personas: sobre tutoría, de haber realizado promesa de matrimonio, de haber celebrado de matrimonios...

La referencia más antigua hallada data del año 1486 y se encuentra localizada en el Archivo Histórico de la Nobleza (Toledo): consiste en Libro con la copia de documentos pertenecientes a la familia Centelles en Valencia y Cataluña donde consta una petición de jactancia puesta por Guillermo Ramón Centelles, poseedor del condado de Centelles, probablemente relacionada con el título de nobleza. No obstante, no podemos acceder a su contenido puesto que no se encuentra digitalizado[56].

El siguiente documento más antiguo que localizamos sí que está digitalizado y data del año 1503: Se halla en el archivo de la Real Audiencia y Chancillería de Valladolid. Se trata de la ejecutoria del pleito litigado por Diego de Soria, vecino de Burgos, con Alonso de Lerma, vecino de Burgos, sobre acusación de jactancia de posesión de ciertos bienes[57].

En este archivo de la Real Audiencia y Chancillería de Valladolid constan documentos relativos a numerosos pleitos de jactancia partir de este año 1513 hasta 1778.

Fuera de la península, los documentos correspondientes a otro pleito de jactancia forman parte hoy de los archivos de la

---

56. https://pares.mcu.es/ParesBusquedas20/catalogo/description/3976267
57. https://pares.mcu.es/ParesBusquedas20/catalogo/description/505245

Biblioteca John Carter Brown[58]; podemos acceder a su contenido y es legible. Consiste en una resolución del Supremo Consejo Real de las Indias en Madrid resolviendo una ejecutoria de un pleito seguido en el Reino de Perú dictado en 1583 siendo monarca Felipe II. Merece por tanto la pena reproducirlo aquí. Leemos[59]:

> «...*Lo tercero tiene doña Ioanna la fee y litispendencia de vna demanda de jactancia que el dicho Nauamuel puso al dicho don Ioan difuncto. Dize el dicho Nauamuel, que por vn aserto título de V. Alteza y de vuestra real persona, se jacta don Ioan que le pertenecía el dicho ofiicio, perteneciéndole al dicho Nauamuel con justo título del Virrey, y que condenen a don Ioan, a que si dentro de tres dias no mostrare mas derecho del dicho título (porque aquel dize Nauamuel ser aserto en dos o tres partes de su petición) que le sea puesto perpetuo silencio. La dicha demanda y lo actuado esta presentado en publica forma y no contradicho, porque todo ello viene debaxo del siigno de Ioan Gutierrez de Molina secretario ante quien passo el processo del dicho pleyto. De este pedimento y processo de jactancia se coligen muchas cosas importantes a la justicia de la dicha dona Ioana. Lo primero, que el dicho Nauamuel pretendió alçarle con la propiedad y fructos del dicho officio, por solo el título que dixo tener del Virrey, y contra el título de su magestat...*»

---

58. Sita en el campus de Universidad Brown en Providence, Rhode Island (Estados Unidos)

59. Se trata del caso de Joanna de Saavedra de Silva, viuda de Juan de Saavedra, notario mayor del virrey del Perú y hermano del gobernador del Río de la Plata, y hermana de Alonso Fernández de Córdova. El virrey Francisco de Toledo insistió en que Álvaro Ruiz de Navamuel y de los Ríos era el notario mayor y en 1579 el Consejo de Indias dictaminó lo contrario, alegando que Saavedra era efectivamente el legítimo propietario de ese título. Sin embargo, el virrey insistió en que Navamuel fuera su notario mayor. Aquí, la viuda de Saavedra reclama por sus derechos legales y económicos ante el rey Felipe II y el Consejo de Indias en España *Vide*. Muy illustre señor. En el pleyto que V. M. tiene visto entre doña Ioanna de Silua viuda muger que fue de don Ioan de Saauedra difuncto como su heredera vniuersal, vezina de la ciudad de los Reynos en el Pyru : Córdoba y Silva, Juana de : Free Download, Borrow, and Streaming : Internet Archive

Volviendo a nuestro país, y datado en 1587, se localizan en el Archivo Foral de Bizkaia, unas Diligencias de jactancia seguidas ante el Corregidor del Señorío de Vizcaya, promovidas por Juan Pérez de Marriategui, vecino de la villa de Bilbao, contra Juan de Madariaga y consorte. Aunque está digitalizado, el soporte se encuentra muy deteriorado. No obstante sabemos que, en síntesis, se refiere a una supuesta deuda dineraria procedente de la herencia de San Juan de Marriategui, mercader, vecino que fue de Alfaro[60].

Por su peculiaridad, algunas de las últimas referencias halladas, referidas al periodo cercano a los primeros intentos de Codificación del proceso civil en España estimamos deben ser reseñadas:

En los archivos de la Real Audiencia y Chancillería de Valladolid, datado en 1830 consta el expediente referido a una Consulta sobre la Causa Criminal formada por la justicia de Quintanar de la Sierra (Valladolid) a pedimento de Antonia Carpintero, viuda, como madre de Francisca Pablo, vecinas de dicha localidad, contra Juan de la Cruz, su convecino, sobre haberse jactado «*de haber mantenido relaciones carnales con ella y contra Pedro de Santa María y otros mozos, también convecinos, sobre haber cantado canciones alusivas a esa jactancia*»[61].

En el Archivo Foral de Bizkaia, constan, datadas en 1827, unas diligencias derivadas de la demanda de jactancia seguidas ante el Corregidor del Señorío de Vizcaya promovidas por Domingo de Ituarte, cura beneficiado de la anteiglesia de Berriatúa, contra José de Amallobieta, vecino de ella, sobre supuesto resarcimiento de los daños y gastos derivados de un informe hecho por el demandante «*sobre la afición al juego y tabernas de algunas personas de la citada anteiglesia*»[62]. Otras del año 1828, se refieren a un Auto derivado de la demanda de jactancia promovida por Joaquín de la Quintana, presbítero benefi-

---

60. Archivo Foral de Bizkaia
61. https://pares.mcu.es/ParesBusquedas20/catalogo/description/3107958
62. Archivo Foral de Bizkaia

ciado de Sopuerta, ante el Alcalde de esta localidad vizcaína contra Manuel de la Quintana, su sobrino, sobre la posesión de un vínculo que le pertenece a su hermano Simón[63].

En el Archivo Histórico Provincial de Zaragoza, datado en el año 1850, consta el expediente de apelación de doña Justa Bresa y consortes: aunque no podemos acceder a su contenido sabemos que trata de la demanda de jactancia de don Carlos Emilio, brigadier de los ejércitos nacionales, sobre pertenencia de bienes, seguidos en la Real Audiencia de Aragón[64].

Se comprueba, en suma, que, respecto a la extensión geográfica de los casos, abarcan tanto la Corona de Castilla como también la de Aragón. Y en cuanto a los órganos jurisdiccionales intervinientes en pleitos civiles, incluyen el Supremo Consejo Real de las Indias, la Real Chancillería de Valladolid y la Real Audiencia de Cataluña. No deja de llamar la atención la presencia, en el Archivo Histórico Nacional, de distintos documentos propios de jurisdicciones especiales —fuera de la ordinaria— como la Universidad de Alcalá y el Consejo de la Inquisición; en éste último los procesos hacen referencia a Causas y Autos de Fe por jactancia de judaísmo, revelaciones y maleficios (hechicería) y ciencia sobrenatural[65].

---

63. Archivo Foral de Bizkaia
64. DARA :: Detalle de Registro
65. El Santo Oficio, como consecuencia de los éxitos alcanzados desde su creación por los Reyes Católicos allá por 1483, en la persecución de judíos, moriscos y posteriormente la herejía heterodoxa, el erasmismo y el protestantismo, vio muy conveniente, hacia finales del s. XVI, aprobar una reordenación administrativa y orgánica. A partir de entonces, la Inquisición amplió aún más su campo de control con mayor energía y sin apenas oposición contra todo el cambiante conjunto de ideas, actitudes, rituales, conductas y personas que la Iglesia Católica y el poder estatal consideraron abiertamente contradictorias o enemigas del dogma y la moral o simplemente , que les parecieron insoportables anomalías del ritual o de las costumbres aceptadas en cada momento de este largo periodo que se inició a finales del s. XV y que llegó hasta inicios del s. XIX. RODRIGUEZ-VIGIL, Juan Luis; *El confín del Santo Oficio. Inquisición, inquisidores y reos en la Asturias de Oviedo*, Ediciones Nobel, Oviedo, 1998, pág. 34 y Notas al pie

Buceando entre los archivos digitalizados relativos a la práctica el pleito de jactancia en España desde la Edad Moderna hasta la época de la Codificación, juzgamos altamente didáctico a la vez que ilustrativo dar cuenta y transcribir literalmente unos modelos de demanda de jactancia, tramitación judicial y Auto judicial que, en publicación del año 1832, aparecen en el *Manual de práctica forense*, obra de DE TAPIA[66]:

> *«DEMANDA DE JACTANCIA*
>
> *F., comparezco ante V. y como más haya lugar en derecho, digo: que N. se jacta públicamente de que yo le soy deudor de tanta cantidad, o que tiene tales derechos o acciones contra mí, cuando en realidad jamás le he debido cantidad ni cosa alguna; ni menos he tenido tratos ni contratos con él, de cuya difamación se me sigue notable perjuicio: por tanto A V. suplico mande admitirme sumaria información de testigos, que estoy pronto á dar, á fin de justificar dicha jactancia; y constando por ella en la parte que baste, se le notifique que dentro de nueve días deduzca en este juzgado cualesquiera derechos y acciones, que tenga, ó pretenda tener contra mí; con apercibimiento que pasado dicho término y no habiéndolo hecho, se lé impondrá silencio perpétuo, en razón de cualesquiera acciones y derechos que contra mí pretenda tener; según es justicia que pido, y costas, juro &c.»*
>
> *TRAMITACION*
>
> *A este pedimento se provée auto, en que se manda dar la información; y constando por ella de la jactancia , se provée en su vista otro auto, en que se manda que el jactancioso dentro de nueve dias deduzca ante el juez la pretensión ó derechos que tenga contra el que ha presentado la petición; este auto se le notifica; y por la notificación adquieren el juez y escribano prevención en la causa para que ante ellos se siga aun cuando esté preparado el juicio por el que*

66. DE TAPIA, Eugenio; *Manual de práctica forense en forma de dialogo, con el correspondiente formulario de pedimentos, en forma de diálogo, con el correspondiente formulario de pedimentos, Abogado de los Reales Consejos, y autor del Febrero Novísimo, Cuarta Edición considerablemente aumentada.* Madrid, 1832, págs. 488-451. *Vide* https://archive.org/details/BRes140094/page/488/mode/2up?q=jactancia

se jacta ante otro juez, á menos que por el juzgado de este se haya hecho ya notificación ; pues por ella, y no por el auto proveído, se adquiere la preferencia de actuar en la causa.

Notificada la petición y auto de ella al jactancioso, no alegando sus derechos en juicio dentro de los nueve días señalados, se presenta otra petición por el difamado, en que hace relación de la primera , su auto en vista de la información dada y su notificación: acusada la rebeldía, se provee auto, en que se manda que dentro de seis días deduzca y alegue el jactancioso sus derechos y pretensiones; y pasado este término se da otro pedimento por el difamado, en que hace relación de lo resultante de autos; acusa la rebeldía, pide que dentro del tercero dia por último y perentorio término deduzca y alegue sus pretensiones y derechos el que se jacta , y se manda así por el juez: cuyo auto notificado al jactancioso, Y acusándole otra rebeldía, se provée el siguiente auto en vista.»

AUTO

En tal ciudad, tal día, mes y año, el señor F., Corregidor &c., habiendo visto estos autos, dijo: que imponía, é impuso silencio perpetuo á N. para que ni ahora ni en tiempo alguno, él ni sus herederos puedan intentar en juicio ni fuera de él acción, derecho ó pretensión contra F., por ningún motivo, causa ó razón que haya tenido, y podido tener \ de todo lo cual absolvía y absolvió al mismo F. dándole por libre: y por este su auto así lo proveyó, mandó y firmó.»

¿Qué conclusiones podemos alcanzar tras el análisis de todo este material en torno a la acción de jactancia «clásica» pre-Codificación?

1. Amplitud de su objeto. Es remarcable que, a las puertas de la Codificación, la tramitación de este proceso había adquirido una notable sofisticación con respecto a lo que rudimentariamente regulaban las *Partidas* en la Ley 46; también es llamativo la amplitud de su objeto pues, desde luego, en la práctica forense se asumía que la petición de jactancia abarcaba tanto deudas de cantidad como la titularidad de cualquier derecho, *status* social, privilegios o incluso acciones procesales.

2. Articulación procesal y finalidad. La acción de jactancia «clásica» pre-Codificación se dilucidaba en un único proceso, el ordinario —aunque sofisticado paulatinamente— regulado inicialmente en *Partidas*. En este único proceso se comenzaba requiriendo al demandado a sostener la realidad de la jactancia denunciada y en caso afirmativo, quedaba obligado a entablar demanda donde acreditar la certeza de las afirmaciones. Si el demandado no atendía alguno de estos requerimientos el derecho en discusión no podía volver a ser puesto en entredicho ni fuera ni dentro de juicio. En este sentido, este único proceso mostraba dos niveles de profundidad: en lo inmediato, la finalidad inicial era consistía en llegar a saber si la jactancia existió o no; mientras que, en lo mediato, constituían objeto de este proceso los derechos que fueron, a su vez, objeto de jactancia, el fondo del asunto; todo ello en el contexto de unas sociedades —la medieval y la del Antiguo Régimen— donde la seguridad jurídica era fundamental.

En efecto, desde la formulación de la Ley 46 en *Partidas* hasta la Codificación, la importancia jurídico-social de esta acción radicó en la seguridad que permitía dar a los derechos y las relaciones jurídicas , y en el hecho de que, mediante la provocatio era posible prevenir y se impedían los actos ilegítimos en lugar de afectarlos después de ocurridos[67].

Y ello, sobre todo en un tiempo en que, en España, no existían ni instituciones registrales ni instrumentos procesales que permitieran otorgar, respectivamente, seguridad jurídica o acciones con motivo a cualquier clase de perturbación de hecho o de derecho respecto al estado civil, status personales, privilegios, derechos reales o personales...

---

67. CHIOVENDA, G,: «Acciones y sentencias de declaración de mera certeza», *Fundamentos del Derecho Procesal* (Traducc. Santiago Sentís Melendo, Argentina, Ediar , Tomo. II, 2016, págs. 39-40. Este artículo corresponde a la relación general presentada por el autor al Congreso Internacional de Derecho Comparado, celebrado en La Haya, 2 al 6 de agosto de 1932, publicada en *Rivista di Diritto Processuale Civile*, 1933, Tomo I.

Finalmente, un inciso: si la interpretación extensiva de *lex Deffamari* romana dio lugar a la *provocatio ex lege Diffamari* medieval que fue recogida en la Ley 46 de *Partidas*, la *lex si contendat* sufrió una evolución paralela, dando lugar a otro proceso provocativo. En efecto, el supuesto recogido en la Ley 47 del Título II de la Tercera de las *Partidas* remiten tanto al *remedium si contendat* romano como a su interpretación amplia en la *provocatio ex lege si contendat* boloñesa.

Al parecer, fue muy utilizada esta clase de acción por parte de los estudiantes de la Universidad de Bolonia —al parecer también existen evidencias de que se utilizaba en Venecia—, cuando, a punto de salir de viaje de la ciudad, resultaban denunciados extrajudicialmente por sus acreedores. En tales casos, se permite provocar a pleito al posible demandante so pena de no poder hacerlo hasta otro viaje. Dispone esta Ley 47 alfonsina:

> *«Cómo los judgadores pueden apremiará algunos homes que fagan sus demandas contra aquellos que quieren ir en sus caminos. Asechan los homes maliciosamente unos á otros por envidia ó malquerencia que han contra ellos: et esto facen contra los mercadores et contra los otros homes que han á facer sus viages por mar ó por tierra, ca luego que saben que tienen sus mercadurias et sus cosas aparejadas para irse mueven demandas escatimosamente contra ellos ante los judgadores para destorbarlos que se non puedan ir de la tierra en la sazon que debien. Onde decimos que los judgadores non deben sofrir tal escatima nin tal engaño como este quando lo sopieren: et para refrenarlos desta maldat mandamos quel mercador ó otro qualquier que se te miese desto pueda pedir al juez que apremie á aquel que le está asechando, quel faga luego su demanda et que la non aluengue fasta en la sazon que se quisiese ir; et el juez débelo facer; ca si el demandador esconce non quisiese su demanda mover, non debe despues seer oido fasta quel demandado torne de su viage.*

De otra parte, en el *Doctrinal* de Jacobo de las Leyes, Libro Segundo, Titulo 4, Capítulo IV se nos aclara que:

> *«...si algún omne quier fazer su viage por mar o por tierra, y temiese que otro por enbargarle el viage o el camjno, le esta ace-*

chando por fazerle enplazar o por fazerle demanda nueva en juyzjo maljqiosa mente en aquel dia que entendiere que se quiere yr, si este atal quese teme deste enbargo, dixere al judgador que mande a este que esta asy apechando quesi alguna cosa le quisiere demandar que luego gela demande, ca el es presto para le fazer derecho, deuele ser cabido, z si por ventura el demandador anda rrefuyendo, nole deue despues oyr sy despues quisiere demandar al otro | ala' sazón que se quiere yr déla tierra, por quese entiende quelo faze maljpiosa mente, z alos engannos z alos escarnjos délos ornes, nolo deuen los juezes consentir, antes lo deuen atreguar luego que entendieren que andan enello».

Y en *Flores* también de Jacobo se añade:

«...o se dize que ha alguna demanda contra alguno que quier yr sobre mar o fuera de tierra, z non gela quier demandar fasta el dia quese ha de hyr, por razón de enbargar sua carrera z detenerlo maliciosamente. «

Este supuesto legal es una especialidad con respecto a la Ley 46 y atendía a los mercaderes o comerciantes que iban a emprender viaje de negocios propios, quienes, sospechando o presumiendo que alguno trataba de ponerle pleito maliciosamente aprovechando tal circunstancia podía pedir al Juez que apremiara a aquellos que presentaran sus demandas, y no haciéndolo en dicho plazo, ya no podían demandarles hasta la vuelta del viaje.

Se comprende así que, en 1843, GOMEZ DE LA SERNA y MONTALBAN[68], observaran que aunque »*...por regla general á nadie puede obligarse á que se presente como actor: sin embargo á*

---

68. GOMEZ DE LA SERNA, Pedro, MONTALBAN, Juan Manuel; *Elementos del Derecho Civil y penal precedidos de una reseña histórica de la legislación de España.* Tomo III. Madrid, 1843, pág. 66. *Vide* Elementos del Derecho Civil y Penal de España : precedidos de una reseña histórica de la Legislación española T. 3 : Gómez de la Serna, Pedro, 1806-1871 : Free Download, Borrow, and Streaming : Internet Archive

*veces no se observa este principio para evitar perjuicios produ-
cidos por el fraude, p. e. , si uno tiene precisión de hacer un
largo viaje, y hay quien lo está esperando para proponer su demanda; en cuyo caso, el primero podría pedir al juez que obli-
gase al segundo á presentar su acción, ó la suspendiese hasta
su regreso». Lo mismo sucede en el caso llamado de jactancia,
esto es, si uno manifestase de otro, cosas que podían hacerle
perder su reputación y fama, pues entonces puede ser obligado
á que ponga demanda para probarlas ó á que se desdiga judicialmente».*

La Doctrina contemporánea[69] nos da cuenta de que esta Ley
46 fue sistemáticamente olvidada por los autores doctrinales
españoles que han tratado de estas materias, a pesar de su importancia. Y por eso resulta llamativo que esta institución, es-
trechamente vinculada a la jactancia, fuese recogida en los numerosos códigos procesales promulgados sucesivamente en
Hispanoamérica a medida que sus pueblos, hasta entonces co-
lonizados, alcanzaban su independencia respecto de España.

En este sentido, baste apuntar que nos resultan especialmente reseñables las disposiciones dictadas en este periodo en
los Códigos de Procedimientos Civiles de Guatemala (1877),
Uruguay (1878) y México D.F y Baja California (1880)[70].

En México, incluso se regula hoy día, en el Art. 37 IV del
CDC del vigente del Estado Mexicano de Chihuahua: *«A nadie*

---

69. MARTIN-BALLESTERO HERNÁNDEZ, Luis, *La acción negatoria*, op. cit.
pág. 124. Nota al Pie. Allí se cita a FRAGA IRIBARNE, Manuel, *La acción de
jactancia*, Revista de la facultad de Derecho de Madrid, n° 12, (enero-junio
1943). Nosotros hemos localizado este último trabajo doctrinal como Apéndice
II dentro de la obra DE MOLINA, Luis, *Los seis Libros de justicia y el Derecho,
con traducción, Estudio preliminar, Notas y Apéndices de Manuel Fraga Iribarne*,
Biblioteca de los Clásicos Jurídicos. Facultad de Derecho de la Universidad de
Madrid , Tomo VI, Vol. II, 1944, págs. 803-851, disponible en Los 6 Libros De
La Justicia Y El Derecho Tomo IV Vol. 2 Completo : Free Download, Borrow,
and Streaming : Internet Archive .
70. *Vide infra* Notas 101, 95, 103 respectivamente que exponen las disposiciones
de estos Códigos en relación a la jactancia «clásica»

puede obligarse a intentar o proseguir una acción contra su voluntad, excepto en los casos siguientes: (...) IV .- Cuando una persona pretenda hacer un viaje al extranjero o a lugar distante, y tiene fundado temor de que alguien desea frustrárselo intentando en su contra una acción en los momentos de emprenderlo, podrá obligarla a que deduzca desde luego la acción, o espere su regreso para hacerlo«).

En Guatemala, esta modalidad —además de en 1877— se reguló también posteriormente en el Código de Enjuiciamiento Civil y Mercantil (1934 derogado). En éste, como un motivo de obligación a demandar, decía su Art. 41 b) «*Nadie puede ser obligado a demandar salvo en los siguientes casos: (...) b) Cuando una persona se propone ausentarse del país y se tiene la seguridad de que otra intenta impedirlo entablando acción judicial contra ella (...)*». Al regular la acción de jactancia su Art. 785 señalaba que toda persona podía interponer ante un Juez competente demanda de jactancia (...) «*para prevenir los daños que le resultarían de un dicho o de un juicio promovido intempestivamente*». Cabe añadir que esta variante desapareció en el posterior Código Procesal Civil del año 1964.

Advenimiento de la codificación en España

El Tribunal Supremo reconoce su vigencia de la acción de jactancia dejándola «vegetar». La práctica demuestra su escasa utilidad y funcionalidad. El Tribunal Supremo la «exhuma» como antecedente de la pretensión mero declarativa y como una modalidad de ésta. Reconocimiento legal en numerosos recién creados países de América

5 de octubre de 1890
Madrid
Real Academia de Jurisprudencia y Legislación

España, en plena Restauración, anhelaba un orden jurídico firme. El Código Civil de 1889, obra de Manuel Alonso Martínez, unía leyes antiguas en un todo coherente. Sin embargo, ciertas instituciones medievales se resistían a desaparecer.

En una sala de la Real Academia de Jurisprudencia, se congregaba un grupo de juristas. El ambiente olía a cuero viejo y humo de cigarros. Sobre la mesa de caoba reposaban el Código Civil, las Partidas de Alfonso X *el Sabio* y las Leyes de Enjuiciamiento de 1855 y 1881. Manuel Alonso Martínez presidía la reunión con autoridad. A su lado, el joven Joaquín Costa garabateaba notas con fervor. Frente a ellos se sentaban Francisco Silvela, con su monóculo brillante, y Gumersindo de Azcárate, el pensador krausista. Marcelo Martínez Alcubilla hojeaba sus anotaciones en silencio.

Cuestión candente: la acción de jactancia, ¿una reliquia de las Partidas?., ¿Había sobrevivido al torbellino de la codificación? El artículo 1976 del Código derogaba el derecho civil común. Las leyes procesales barrían reglas obsoletas. Pero en los tribunales, la figura persistía, terca y viva.

Alonso Martínez se inclinó hacia adelante y ajustó sus lentes y rugió con voz tonante:

— Caballeros, esta acción no es un fósil, es un puente hacia el futuro. En las Partidas, luchaba contra la difamación y la turbación de derechos pero, en mi opinión, hoy, podría ser el origen de pretensiones declarativas puras, libres de esa antigua provocación.

Joaquín Costa, con el fuego de la juventud ardiendo en sus venas y su acento aragonés cortante como un sable, irrumpió:

— ¡Pero, D.on Manuel, eso es una incongruencia que clama al cielo! Si el Código Civil la salva por ser institución procesal, ¿por qué no la aniquila la Ley de Enjuiciamiento? ¡Es como resucitar un cadáver por mera inercia, sin interrogar su utilidad en un mundo armado con interdictos, conciliaciones y Registros que permiten asentar y declarar hechos y derechos!

Francisco Silvela exhaló una bocanada de humo y miró fijamente a Costa:

— Joven, no profane usted la cláusula derogatoria. El artículo 1976 solo afecta a lo sustantivo pero la jactancia es procesal: protege derechos, no es un derecho en sí. Alcubilla, aquí presente, lo proclama en su *Diccionario*: «autorizada por la jurisprudencia». Y en efecto, sobrevive gracias a la jurisprudencia.

Azcárate asintió con una sonrisa astuta:

— Exacto. Nuestra Ley procesal permite acciones de toda clase. Y la acción de jactancia es un remedio contra la obstinación que genera inquietud pública y privada. Fíjense en casos recientes: el Supremo la aplica, fiel a la Ley 46 de la Tercera Partida. Por tanto, no ha muerto.

Costa, con el rostro encendido, no cedió y contraatacó:

— ¡Con todo respeto, señores!, Ya en 1876 se la veía obsoleta!. Permítanme que insista: contando con interdictos que custodian la posesión, juicios ordinarios que conquistan el dominio, conciliaciones que invocan requerimientos, registros que asientan hechos... ¿Qué rol le queda? Es un rodeo innecesario. En Europa, se desvanece. ¿Por qué aquí la dejamos vegetar?»

Alonso Martínez, mediando en la batalla, respondió:

— La respuesta es sencilla, D. Joaquín: ¡Porque, la jactancia trasciende la simple provocación a accionar; Es la semilla de la pretensión de mera declaración. Alemania e Italia nos preceden con eso. Nuestro Supremo la rescatará pronto: compatible con la declaratoria negativa, sin el viejo matiz provocatorio...

Silvela, golpeando la mesa con un estruendo que hacía eco como un cañonazo, enfatizó:

— D. Joaquin: ¡No está derogada porque no es civil común en su esencia cruda. Es procesal ¡el pulso vital del Derecho! Y además es útil, es práctica...»Y Azcárate lo confirma: materias ajenas al Código perduran en leyes históricas.

Azcárate, sellando el pacto con voz resonante, concluyó:

— En efecto. Imagine Sr. Costa a un ciudadano difamado por deudas inexistentes por un tercero. Con esta acción, lo provoca y lo silencia. En Hispanoamérica, la reviven en sus Códigos . Aquí, la jurisprudencia la preserva. Por tanto, no es incoherencia;...

La tertulia se extendió hasta el atardecer. Afuera, Madrid bullía de vida y cambio. La acción de jactancia tejía un lazo entre pasado y presente. Preparaba el terreno para pretensiones declarativas futuras. Sobrevivía con tenacidad. Se transformaba en silencio. Ofrecía una lección eterna de resiliencia jurídica...

Resulta un hecho constatable que, una vez iniciada la etapa de la Codificación, ni las Leyes de Enjuiciamiento Civil de los años 1855 y 1881[71] ni el Código Civil dictado en 1889 recono-

---

71. Además de los citados, otros intentos de Codificación adjetiva hubo muchos. La obra codificadora se inició en la Constitución de 1812 que dedica varios artículos a la administración de justicia, deseosa de acentuar el carácter público del proceso. En el ámbito estrictamente procesal, la primera Ley es la *Enjuiciamiento sobre los negocios y las causas de comercio*, de 24 de julio de 1830 y le siguen el *Reglamento Provisional para la administración de justicia* de 26 de septiembre de 1835 y la *Ley de sustantación de los asuntos de menor cuantía* de 10 de enero de 1838. Estas disposiciones nada remediaron, pues continuaron en vigor las *Partidas*, originándose nuevas prácticas perjudiciales. Al intento de corregir esta situación dedicó José de Castro y Orozco, Marqués de Gerona, Magistrado y Ministro de Justicia, su *Instrucción del Procedimiento Civil con respecto a la Real Jurisdicción Ordinaria* de 30 de septiembre de 1853, obra importantísima, pero que no resistió a los ataques de quienes no estaban preparados para las reformas que introducía y se lucraban de las

cieron expresamente esta clase de pretensión como tampoco regularon un especifico proceso para articularla procesalmente. Dicho esto, también es un hecho verificable que, ello no obstante, la acción continuó operando en los Tribunales hispanos. Es más, podemos afirmar que en este periodo quedó plenamente aceptada y asentada en la práctica forense[72].

En el ámbito académico, en 1894 nos da cuenta de la absoluta vigencia de la acción en su modalidad «clásica» tras la Codificación procesal y civil, el jurista MARTÍNEZ ALCUBILLA, cuando en su *Diccionario de la Administración Española*[73] ,y al definir

---

corruptelas y vicios introducidos en el procedimiento de derecho común. Pero al menos sirvió para impulsar la promulgación de la Ley de Enjuiciamiento Civil de 5 de octubre de 1555, que se propuso poner cierto orden en el confusionismo legislativo existente, con la fórmula *«reestablecer en toda su fuerza las reglas cardinales de los juicios consignados en nuestras antiguas leyes»*. PRIETO-CASTRO FERRANDIZ, Leonardo., *Derecho Procesal Civil. Volumen 1º (Conceptos generales. Procesos declarativos. Recursos)*, Manuales Universitarios Españoles II, 1973, Editorial Tecnos, Madrid, Tercera edición 1980, pág. 50.

72. Por el contrario, en la época de la Codificación, el juicio de jactancia desaparece prácticamente de la legislación europea como consecuencia de las críticas violentas de que había sido objeto el instituto. En algunos casos la acción de jactancia es reemplazada por la acción declarativa, que es aceptada explícita (Alemania y Austria) o implícitamente (Italia) por la ley; en otros casos (Francia) la ley guarda silencio sobre el punto, provocando la duda entre los intérpretes sobre la vigencia del juicio de jactancia, dudas prontamente despejadas en sentido derogatorio. Sobre la cuestión y el abordaje de asuntos en los distintos Estados europeos *Vide* GALDI, Domenicantonio, «Commentario del Codice di procedura civile del Regno d'Italia», op. cit.

73. MARTINEZ ALCUBILLA, Marcelo, *Diccionario de la Administración Española. Compilación de la novísima legislación peninsular y ultramarina en todos los ramos de la administración*. Tomo VII, Quinta edición, Madrid, 1894. *Vide* Biblioteca Digital Hispánica . La definición completa del término JACTANCIA es la siguiente: «*En el lenguaje del foro se de nomina demanda de jactancia la que se entabla para obligar á otro que se alaba de tener derechos contra el demandante, á que los ejercite en el correspondiente juicio. Se hallaba autorizada por la ley 46, tit. 11, Part. 3ª, y hoy por la jurisprudencia. La demanda deberá interponerse ante el juez del domicilio del demandado (Sent. 5 Julio 1882), y en ella pedirá el demandante que el jactancioso se desdiga ó que en caso contrario se le señale un término prudencial para que deduzca su*

el término «jactancia,» afirmaba taxativamente que: «*Se hallaba autorizada por la ley 46, tit. 11, Part. 3., y hoy por la jurisprudencia*».

Por otro lado, La Real Academia de la Lengua Española, en su Diccionario histórico (1936-1960)[74] recogía la noción que estudiamos y la definía de este modo: «*17 (...) ¶acción de jactancia. For. La que se utiliza demandando a la persona que se jacta de un derecho negado por el actor, para que sea condenada a ponerlo sub júdice en el término que se le señale*».

Se desprende de todo lo expuesto que, a finales del XIX y principios del XX, al menos en apariencia, lejos de ser entendida como derogada, o simplemente abandonada, en la praxis judicial la acción de jactancia sobrevivía y pervivía, si quiera casi por inercia. Cuestión bien diferente sería la de su utilidad práctica, lo que abordaremos más adelante.

Dicho lo cual, lo cierto es que el debate en torno a la vigencia de la institución a partir de la Codificación fue un asunto que dio no poco que hablar en la Doctrina.

Expondremos a continuación cómo fue posible que —de manera, diríase, rocambolesca— la institución esquivara las disposiciones derogatorias de Código Civil y Leyes Procesales.

1. ¿Cómo esquivó la disposición derogatoria del Código Civil de 1889? Sobre esta cuestión, y como punto de partida, no queda más remedio que aludir a la STS 1ª de 27 de septiembre de 1912 (Ponente: Manuel Pérez Vellido). En esta resolución se vino a poner de manifiesto no solo la consagración de su vigencia sino su caracterización como instituto procesal, no sustantivo. En ella se dispuso sin ambages:

---

de manda, bajo apercibimiento de ser condena do á perpetuo silencio. Si la jactancia perjudica á la honra ó al crédito, ó es en menosprecio de alguno, podrá éste, en vez de la demanda civil de jactancia, deducir querella de injuria»
74. Disponible en www.rae.es/tdhle/acción#d3 acción | Tesoro de los diccionarios históricos de la lengua española | RAE - ASALE

> «*la acción llamada de jactancia es de carácter adjetivo ó proce-
> sal, como lo revela, de una parte, la finalidad que con ella se persi-
> gue, que no es otra que la de amparar y garantir por ese medio los
> derechos íe una persona, cuando en la forma ó del modo que con-
> signa han sido desconocidos ó atacados, y de otra la de hallarse
> comprendida en el lugar destinado en dicho Cuerpo legal á fijar las
> reglas á que ha de ajustarse la tramitación de los juicios, y, por
> consiguiente, no tratándose de un derecho de naturaleza substan-
> tiva ó civil, materia propia del Código de este nombre, **no ha sido
> por él derogada** en su art. 1976, como pretende el recurrente en el
> activo 6.° del recurso*»*

Declara así el Alto Tribunal, en los albores del siglo XX, la
vigencia de la figura, lo que, en realidad, no suponía más que
reafirmar lo que ya venía dejando claro en otras sentencias anteriores dictadas tras la Codificación. Más novedoso resulta sin
embargo que, a modo de justificación de ello, y para eludir y
descartar le fuera aplicable la Disposición Derogatoria situada
en el Art. 1976 C.C[75], se la caracterizara como institución propia del Derecho procesal.

En la Doctrina existía una corriente de opinión que estimaba que, incluso en la hipótesis de que se considerase un instituto jurídico de naturaleza sustantiva, no era una materia de la
que se ocupase el Código. En efecto, LACRUZ BERDEJO[76] al cues-
tionarse sobre si no podrían invocarse *Partidas* —o en general
cualesquiera cuerpos del antiguo Derecho Civil de Castilla—
cuando se tratase de una materia civil que el Código Civil de
1889 hubiera omitido en absoluto, se inclina por la respuesta
afirmativa, compartiendo el criterio de SANCHEZ ROMAN y VAL-

---

75. «*Quedan derogados todos los cuerpos legales, usos y costumbres que
constituyen el derecho civil común en todas las materias que son objeto de este
Código, y quedarán sin fuerza y vigor, así en su concepto de leyes directamente
obligatorias como en el de derecho supletorio. Esta disposición no es aplicable
a las leyes que en este Código se declaran subsistentes.*»
76. LACRUZ BERDEJO, José Luis y otros; *Elementos de Derecho Civil I. Parte
General del Derecho Civil. Vol. 1° Introducción*, Librería Bosch, 1982, pág. 81

VERDE. «*Puede haber materias* —dice— *de Derecho Civil que no siendo objeto del Código se rijan todavía por los cuerpos históricos castellanos*».

El maestro CASTÁN TOBEÑAS[77] al interpretar el Art. 1976 CC no era de la misma opinión: también salvaba la vigencia de la acción de jactancia pero por otra vía, la de su consideración —como decía el Alto Tribunal— como instituto procesal; compartiendo la opinión de DE BUEN estimaba que la anterior interpretación del Art. 1976 C.C desnaturalizaba la cláusula derogatoria, resultaba contraria al pensamiento del legislador y a la finalidad de la codificación: «*...solo las materias que...tengan un predominante aspecto de Derecho Público, administrativo o* **procesal** *o las regidas por leyes especiales deben quedar a salvo, como ajenas al objeto y contenido del Código, del principio derogatorio establecido en el Art. 1976*» (las negritas son nuestras).

En el fondo y, en definitiva, ya se considerase que no era «*materia objeto del Código*» (*ex* Art. 1976 C.C) ya se entendiera que era materia procesal (Jurisprudencia, CASTÁN), la acción de jactancia quedaba a salvo de la cláusula derogatoria contenida en el Código Civil. Obviamente con estos posicionamientos jurisprudenciales y doctrinales, quedaba en el aire su posible derogación por mor de la aplicación de los Arts. 1415 de la LEC 1855 y 2182 de la LEC 1881, respectivamente.

2. ¿Cómo esquivó las disposiciones derogatorias de las Leyes Procesales? Se escandalizaba en el año 1943, FRAGA IRIBARNE —citando a BECEÑA[78]— a la vista de la incoherencia que se desprendía de las palabras del Alto Tribunal. Y se preguntaba: «*Si se salva de la derogación del Código Civil por ser de naturaleza procesal, ¿qué es lo que la libra de la Ley de Enjuiciamiento?*». A reglón seguido, exponía la serie de acontecimientos que permitían entender la incongruencia que se desprendía de

---

77. CASTAN TOBEÑAS, José.- *Derecho Civil Español Común y Foral, Tomo Primero , Volumen Primero*, 12ª edición, Reus S.A, Madrid, 1982, pág. 269
78. FRAGA IRIBARNE, Manuel; *La acción de jactancia*, op. cit. págs. 840—841

aquella resolución de 1912: Lo que sucedió es que, según cierta Doctrina que prevaleció —y que califica FRAGA compartiendo la opinión de CARAVANTES de absurda—, la Disposición Derogatoria de la Ley de Enjuiciamiento de 1855 en ningún caso le podía afectar a nuestra acción ya que la Ley parlamentaria (de Bases) autorizó al Gobierno a ordenar y compilar reglas del enjuiciamiento civil, restableciendo las reglas de los juicios consignadas en *nuestras antiguas leyes*, introduciendo las reformas que la ciencia y experiencia aconsejaban y desterrando abusos; esto sentado, nada tenía de particular que la acción resistiese también la derogación del Art. 2182 de la Ley de Enjuiciamiento Civil de 1881 pues según su Ley de Bases no era más que una mera reforma y ampliación de la anterior[79].

Y efectivamente, los repertorios de Jurisprudencia demuestran lo que la sentencia de 1912 consagraba; que la acción era admitida, aceptada y asumida por el Alto Tribunal después de la promulgación de ambas Leyes Procesales. Remarcables resultan las siguientes:

1. STS 1ª de 14 de mayo de 1861: «*...ampliada por la jurisprudencia de los Tribunales la prescripción de la ley 46, tít. 2° de la Partida 3.ª a la materia civil, es necesario en ésta ajustarse a los preceptos de la misma...*»

2. STS 1ª de 5 octubre de 1866: »*...que este acto (de conciliación) no es una verdadera demanda que provoque un juicio contradictorio con todas sus consecuencias de dicha ley 46 cuya letra y espíritu recto y filosófico es que se dilucide la cuestión ante los Tribunales para que no se perjudique la fama o fortuna de otro indebidamente*»

---

79. Dicho lo cual, insiste este autor en la preocupante incoherencia de la postura del Alto Tribunal señalando que «Lo notable del caso es que, no obstante, el Tribunal Supremo ha hecho otras veces un amplio uso de dichas clausulas derogatorias en materia procesal», aludiendo a la argumentación abolición parcial del Privilegio de la Auerimonio aranesa. FRAGA IRIBARNE, Manuel; *La acción de jactancia*, op. cit. págs. 843

3. STS 1ª de 1 de octubre de 1870[80]: «*...la acción (de jactan-cia) ejercitada en estos autos es personal, y de tal natura-leza, que sólo corresponde el conocimiento de ellos al Juez del domicilio de la demandada..*»

4. STS 1ª de 8 de marzo de 1884: « (No ha lugar a la casación contra la) *...sentencia confirmatoria con las costas, conde-nando á D. Vicente Pérez Agudo á deducir en el término de seis meses ante el Tribunal y en juicio competente la acción de que se crea asistido contra los demandantes, ó en otro caso si no lo realizase, á guardar perpetuo silencio en sus reclamaciones particulares sobre los agravios que decía se le habían inferido por aquellos en el concepto en que fueron por él demandados de conciliación*».

En este sentido, en el año 1943, el Notario y jurista NUÑEZ LAGOS[81] exponía un argumento muy sugestivo en contra de su derogación por las Leyes de Enjuiciamiento dictadas; con gran perspicacia argumentaba que «(...) *La Ley de Enjuiciamiento de 1855 y la vigente de 1881 ...(*en sus Arts. 1415 y 2182 respectiva-mente, añadimos nosotros) *derogan las Leyes de enjuiciar, las reglas de procedimiento civil, es decir, las ordinatoriae litis...*

---

80. «*Resultando que en 26 de Diciembre de 1869 D. Pedro Jaime Prats, previo acto de conciliación celebrado en la villa de Elda, propuso en el referido Juzgado de Mahón demanda de jactancia, pidiendo que se señalase i Doña Práxedes Pons y Hernández un término prudente y regular para que dentro de él reclamase en la forma correspondiente el crédito que pretendía tener contra el demandante en concepto de heredera de su tío D. José Prats y Preto; apercibiéndola que de no hacerlo se la declararía decaída de su derecho, imponiéndola perpetuo silencio, y que se la condenase en las costas con las causadas al prevenirse el juicio necesario de testamentaría; y por otrosí solicitó que para la citación y emplazamiento de la demandada, residente en Elda, provincia de Alicante, se dirigiese exhorto al Juez de primera instancia de Monóvar...*»

81. NUÑEZ LAGOS, Rafael, «CONFERENCIA acerca de ESTUDIOS SOBRE EL VALOR JURIDICO DEL DOCUMENTO NOTARIAL dada el día 5 de mayo de 1943», pág. 449. Disponible en los archivos digitales de la Biblioteca del Colegio Notarial de Madrid http://www.cnotarial-madrid.org/nv1024/paginas/TOMOS_ACADEMIA/001-08-NU%C3%91EZ_LAGOS_RAFAEL_01_1945.pdf

pero no acciones sustantivas (...)». Y verdaderamente ni la LEC 1855 y la LEC 1881 desarrollaban una parte dogmática; no definían las clases de pretensiones que se podían impetrar; pero dejaban bien claro que se podían ejercitar «*acciones de toda clase*» (Art. 2 LEC 1855) o que en la demanda «*...se expresará la clase de acción que se ejercite*» (Art. 524 LEC 1881).

Llegados a este punto, nos resulta llamativo y chocante resulta que, en función del operador jurídico que la analizaba, de forma milagrosa y acaso *rocambolesca*, desde los albores del siglo XX, la acción de jactancia de la Ley 46 de la Tercera de las *Partidas* pervivió vigente en nuestro Derecho patrio incluso tras la Codificación. No obstante, más allá de la controversia jurídica sobre vigencia —indiscutible ya— apareció el debate sobre su utilidad y funcionalidad.

Y es que la Codificación supuso, al ir acompañada a la demolición del Antiguo Régimen y el Constitucionalismo —entendido en sentido amplio— tanto el reconocimiento de derechos fundamentales de los ciudadanos, como la creación de numerosos mecanismos jurídico-procesales proactivos para la defensa activa de derechos; nos estamos refiriendo, como cabe imaginar, a las acciones protectoras de la posesión, la propiedad, los derechos reales, inscritos en el Registro de la Propiedad o no, del estado civil en el Registro Civil, el honor, la imagen; e incluso la posibilidad de defensa extraprocesal como los mecanismos notariales, conciliatorios...

Precozmente, ya en 1876, vigente la LEC 1855, algunos juristas españoles se percataron de ello. De MONER[82] ya advertía : «*Mas después que se halla en vigor la ley de Enjuiciamiento civil —1855—, y de la derogación que contiene su artículo final, pa-*

---

82. DE MONER, Joaquín Manuel; *¿Existe el antiguo juicio denominado de jactancia después de la publicación de la ley de Enjuiciamiento Civil?*, Revista de Legislación y Jurisprudencia, Año Vigesimocuarto, Tomo XLIX, Madrid, 1856, págs. 371-372 disponible en Revista general de legislación y jurisprudencia : Real Academia de Jurisprudencia y Legislación (Madrid) : Free Download, Borrow, and Streaming : Internet Archive

rece que no hay en nuestro derecho procesal juicio de jactancia especial, porque tiene cada sección legal de derecho, concedidos los medios más a propósito para su defensa»; y aludía a los interdictos de retener, recobrar, obra nueva, obra vieja, —reconocidos en la ley adjetiva— y al propio el juicio civil ordinario y sus preparativos ó ante juicio, si se trata del dominio, derechos reales y personales en todo caso no previsto, a través de estos remedios quedaba sustituido —decía— el juicio de jactancia y añadía en cuanto a su hipotética funcionalidad provocatoria que *«...(sirve) lo establecido (para la conciliación)...siempre que el lesionante se adhiera a declarar o reconocer el derecho del lesionado. (...) Sirven igualmente: 1° los requerimientos verificados en acta sin notario exigiendo contestación afirmativa o negativa 2° cualesquiera declaración hecha ante Notario o Autoridad o en acta ante dos o tres testigos para impedir que el silencio se repute como adhesivo o aquiesciencia..etc.»*

Ciertamente esta relación no abarcaba todos los supuestos —marginaba las disfamaciones personales— y la argumentación quedaba debilitada si se considerase la compatibilidad del proceso ordinario y los actos jurídicos reseñados con la provocación de la acción de jactancia a modo de remedios subsidiarios o complementarios; pero ponía en evidencia que, para los prácticos del Derecho, comenzaba a perder interés, en cuanto a la funcionalidad y utilidad de esta acción.

Consecuencia de todo ello es que la figura, aunque vigente, quedó un tanto olvidada y orillada en la praxis judicial.

Sin embargo, sorpresivamente una corriente de pensamiento dominante en la Doctrina vino a permitir al Tribunal Supremo desempolvar la figura, a «exhumarla», a «resucitarla», ya que, valiéndose de ella comenzó a construir la noción de *pretensión procesal meramente declarativa;* ocurre todo ello en el contexto de la preconización por la Doctrina del reconocimiento de las *pretensiones procesales declarativas*[83].

---

83. De este modo, quedó absolutamente orillada cualquier consideración discursiva dirigida a revalorizar la utilidad —siquiera fuera como remedio

Llegados a este punto, juzgamos imprescindible dar cuenta, a modo de crónica sucinta, de la construcción en España de esta figura de la *«pretensión procesal —meramente— declarativa»*[84] en su momento no regulada normativamente pero hoy plenamente reconocida ya en el Art. 5 LEC 2000.

En efecto, una vez salvada su vigencia, la acción de jactancia «clásica» fue reconocida desde la Doctrina procesalista como el antecedente y el precedente directo de las acciones meramente declarativas de derechos (en concreto, de una de sus variantes o subespecies, la negatoria) en una época y un tiempo en que, como decimos, esta clase de pretensiones —las declarativas— no estaban plasmadas en las leyes procesales ni se reconocían por la Jurisprudencia.

Y es que, ciertamente, y en palabras dichas por el insigne procesalista PRIETO-CASTRO[85]: *«la acción de jactancia suponía una petición de declaración negativa que se concedía al sujeto contra el que otro se vanagloriaba de poseer un derecho obliga-*

---

subsidiario— del mecanismo de la provocación dirigida a otros fines, singularmente relacionados con el derecho sustantivo de obligaciones. Esta revaloración no llegará, como veremos hasta los años 80 del siglo XX.

84. El origen de la tutela declarativa —a la vez acción y sentencia—, podemos situarlo en las acciones *prejudiciales* y ha venido siendo reconocida por la mayoría de los ordenamientos europeos y los sistemas angloamericanos, en una primera etapa gracias a la labor de la doctrina y la jurisprudencia, para luego alcanzar consagración positiva en las propias leyes de enjuiciamiento. Los sistemas del *common law* han sido, sin duda, claros precursores en este tema admitiendo la procedencia de la mera declaración de forma amplia y con carácter principal —y no meramente subsidiario—3, en razón, primordialmente, del valor preventivo que se reconoce a este tipo de tutela (*declaratory judgments*). Su utilización práctica, así, es de gran frecuencia, aunque con una delimitación estricta y clara de sus presupuestos y límites en orden a evitar la utilización indebida de los tribunales de justicia como meros órganos consultivos o de opinión (*advisory opinions*) o para la resolución de cuestiones puramente académicas (*moot cases*) o de hechos. RIVERO HURTADO, Renée Marlene «La tutela meramente declarativa...», op. cit. págs. 91-92. *Vide* Nota 8

85. PRIETO-CASTRO FERRANDIZ, Leonardo., *Derecho Procesal Civil. Volumen 1º (Conceptos generales. Procesos declarativos. Recursos)*, Manuales Universitarios Españoles II, 1973, Editorial Tecnos, Madrid, Tercera edición 1980, pág. 95.

cional, real o de cualquier clase en perjuicio del mismo, produciéndole inseguridad y peligro en su esfera jurídica y económica, y aún en la moral, (menoscabo del prestigio, dificultades para la libertad del disfrute de un derecho, daño o desvalorización del crédito o de cualquier derecho, etc.)».

Tanto fue así, que el Tribunal Supremo, en un primer momento, en lugar de construir metodológicamente la categoría de la pretensión meramente declarativa, prefirió acudir precisamente al sistema de la acción de jactancia «clásica», de la que se valió. Gráficamente lo explican los autores cuando señalan que tras la Codificación «*el Tribunal Supremo no la resucitó: la encontró y la dejó vegetar*»[86] hasta que, a mediados del siglo XX, «*la exhumó*»[87], y la «*resucitó*»[88].

Ya desde los años 30 del siglo XX, los Tribunales europeos fueron reconociendo la admisibilidad de las pretensiones declarativas. En esta línea, ciertamente fueron la dogmática y la ley alemanas[89]) las que aportaron mayormente al desarrollo de la tutela de mera declaración, perfilando sus requisitos y límites fundamentales, estudios y reconocimiento que fueron secundados en Italia, donde el principal precursor fue CHIOVENDA[90].

---

86. FRAGA IRIBARNE, «La acción de jactancia», op. cit. pág. 840.

87. MARTIN-BALLESTERO, «La acción negatoria», op cit. pág. 125

88. GUASP, J; *Derecho Procesal,* Instituto de Estudios Políticos, Madrid, 1956, pág. 235

89. El Derecho alemán incorporó a su legislación procesal las pretensiones declarativas en el año 1877, a través del artículo 231 (luego art. §256 ZPO): «*Se puede proponer acción para la mera declaración de la existencia o de la no existencia de una relación jurídica, para el reconocimiento de una escritura o para la mera declaración de falsedad de la misma, cuando el actor tiene un interés jurídico en que la relación jurídica, la autenticidad o la falsedad de la escritura sea declarada inmediatamente por decisión judicial*».

90. CHIOVENDA, Giuseppe, «Acciones y sentencias de declaración de mera certeza», en: Alsina, Hugo (director), *Fundamentos del Derecho Procesal* (Traducc. Santiago Sentís Melendo, Argentina, Ediar), t. II, pp. 1-40. Este artículo corresponde a la relación general presentada por el autor al Congreso Internacional de Derecho Comparado, celebrado en La Haya, 2 al 6 de agosto de 1932, publicada en *Rivista di Diritto Processuale Civile,* 1933, Tomo I.

En España, y a impulsos de la Doctrina procesalista, a partir de la década de los años 40 del siglo XX, el Alto Tribunal español terminó por admitir aquella clase de pretensión, perfilando con contornos propios la declarativa negativa pero desechando ya la forma arcaica e innecesaria de la «provocación» previa. No por ello dejó de estimar una cierta compatibilidad con la acción de jactancia (SSTS 1ª de 25 de junio de 1943 y de 22 de septiembre de 1944). En este sentido, esta última resolución equiparó las denominaciones de «jactancia» y «provocatoria», sosteniendo que : *«...es la precursora de la actual acción declarativa, y a la que también describe como remedium ex lege diffamari, integrada por un doble elemento: (a) El supuesto de hecho, constituido por la jactancia o difamación, que ha de ir revestida de un cierto matiz de publicidad. (b) Y el mecanismo o finalidad procesal, basado en el principio de la provocación a demandar.».* Añadía la resolución que la acción «puramente» declarativa fue vislumbrada, con independencia del principio de provocación —jactancia—, *«por los juristas patrios del siglo XVI, terminando por reconocerla el Tribunal Supremo y aun cuando en la actualidad no se ha llegado a una adecuada construcción sistemática, tiene interesantes aplicaciones y un amplio apoyo doctrinal, siempre que en los particulares casos esté su utilización justificada por una necesidad de protección jurídica»*[91]. Incluso la algo anterior STS 1ª de 22 de febrero de 1936 ya hacía referencia a *«las que la doctrina moderna científica llama acciones declarativas, dirigidas directamente a obtener la declaración acerca de la existencia o inexistencia de un vínculo, sin las complicaciones del elemento provocatorio».*

---

91. LORCA NAVARRETE, Antonio Maria; *La pretensión procesal*, Editorial Atelier, Barcelona, 2024, pág. 101 y ss.; tambien accesible on line en *El nuevo diseño del proceso civil. Constitución, Derecho de la Unión Europea, Partes, Jueces y Letrados de la Administración de Justicia.* Instituto Vasco de Derecho Procesal. San Sebastián, 2020, en la siguiente dirección web https://leyprocesal.com/leyprocesal/de/la-pretension-declarativa.asp?cod=7545&nombre=7545&nodo=&orden=True&sesion=1

En favor del reconocimiento por la Jurisprudencia de una genuina y específica acción (mero) declarativa, en 1955, se manifestaban GÓMEZ ORBANEJA y HERCE QUEMADA[92] de este modo «*La acción declarativa evita el rodeo —y los inconvenientes de la inversión consiguiente de la alegación y la prueba— de la acción provocatoria de jactancia de nuestro derecho histórico, recogida de las Partidas [...] por vía jurisprudencial»;* y en 1956, GUASP[93] detallaba: «*El Tribunal Supremo [...] resolvió, en vez de construir el tipo general de la acción declarativa, resucitar las antiguas acciones de jactancia, rudimentario precedente de aquéllas».*

A pesar de tal constatación, el Tribunal Supremo, a lo largo de los años 60 y 70 del pasado siglo (SSTS 1ª de 30 de abril de 1960, 8 de abril de 1968, 24 de junio de 1969, 30 de junio de 1971) continuó admitiendo nuestra acción con esta finalidad dogmática, al dar por supuesto sus diferencias con la acción declarativa negativa y, por tanto, su cierta compatibilidad con ella.

Como es de ver, —aunque con motivo de la falta de regulación legal, sus evidentes disfuncionalidades procesales y su escaso interés práctico como modo de provocación la figura perdió interés entre los prácticos del Derecho—, en este periodo vino a cobrar nueva vida sorpresivamente al servirse de ella la Doctrina procesalista y la Jurisprudencia como modelo para comenzar a construir la noción de *pretensión procesal meramente declarativa.*

Era palmario que, tras la Codificación la falta de regulación legal en nuestro Derecho, limitaba seriamente las posibilidades prácticas de nuestra institución.

Conviene destacar que, en este periodo de finales del siglo XIX, mientras que en Europa la acción o proceso de jactancia directamente desapareció, en sentido contrario, en Hispanoamérica se revitalizó. En efecto, en este periodo se dictan distintas regulaciones codificadoras promulgadas en aquellos territorios a medida que las naciones, hasta entonces coloniza-

---

92. GOMEZ ORBANEJA, Emilio y HERCE QUEMADA, Vicente; *Derecho Procesal*, Tomo I, Madrid, 1955, pág. 70.
93. GUASP, Jaime; *Derecho Procesal*, op. cit. pág. 235.

das, alcanzaban su independencia respecto de España. De Sur a Norte de América, diversos Códigos Procesales regularon la acción de jactancia, lo que en realidad no suponía más que continuar conservando una clase de acción que era usual en la práctica de sus Tribunales durante la dominación hispana donde se aplicaban los procesos regulados en *Partidas* y sus sucesivas leyes continuadoras[94].

Caben ser citados, en este sentido, el Código Procesal Civil de Uruguay (1878)[95], el Código de Procedimientos en materia

---

94. Para una visión general del Derecho procesal civil americano, *Vide* COUTURE, Eduardo, *Fundamentos del Derecho Procesal Civil*, Roque de Palma Editor, Buenos Aires, 1958, págs. 18-23.

95. El Código de Procedimientos Civiles de la República Oriental del Uruguay de 17 de enero de 1878 (llamado de Requena) regulaba en sus Arts. 863 a 872 un proceso especial que denominaba «Del Juicio de Jactancia». Por su interés, los reproducimos literalmente.

«*Art. 863.- La acción de jactancia es acordada contra toda persona capaz de ser demandada y que, fuera de juicio se hubiera atribuido o derechos propios a los bienes que constituyen el patrimonio de un tercero asegurado ser su acreedor.*

Art. 864. - El escrito en que se deduzca la acción de jactancia debe contener: 1. El nombre, personería domicilio del actor. 2. La designación de persona y domicilio de aquel contra quien se dirige. 3.- La enunciación de la jactancia, con expresión indispensable de su época y lugar, como de los medios porque ha llegado a su conocimiento. 4. La petición para que el jactancioso manifieste o niegue la exactitud de, hecho imputado.

Art. 865. - El Juez competente que reciba el pedido, ordenará que aquel contra quien se dirige manifieste si es o no cierta la exposición, aceptando la verdad de lo expuesto en sus puntos principales, o bien negando, bajo juramento, la versión que se le atribuye. El Actuario que reciba esa manifestación, sentará por escrito la diligencia, firmándola el que la hace o dos testigos si no lo supiere o no pudiere hacerlo, y autorizándola en uno y otro caso.

Art. 866. - Si aquel contra quien se dirige la acción de jactancia se negare a hacer la manifestación, la hiciese ambiguamente o reconociese la verdad de lo expuesto, el Juez le ordenará que dentro de diez días entable la acción que surge de los hechos expuestos, bajo apercibimiento que, de no hacerlo, caducará todo el derecho atribuido y será condenado en las costas. Vencidos los diez días sin haberse deducido la acción, la parte podrá pedir la efectividad del apercibimiento.

comercial, civil y penal de Paraguay (1883)[96], el Código Procesal Civil y Comercial de la Capital Federal de Argentina (1886)[97], la Compilación de Leyes de Procedimiento Civil de

---

Art. 867.- Si se hubiere negado bajo juramento la jactancia atribuída, se mandarán entregar las actuaciones al que las ha iniciado, sin otra tramitación, y sin perjuicio de lo dispuesto en el artículo 871.

Art. 868. - Las declaraciones sobre jactancia no comprenden ni los hechos que no han sido materia del procedimiento, ni los que posteriormente hubiesen llegado al conocimiento del que ha ejercido la acción.

Art. 869.- Todo el que hubiese sido llamado a juicio conciliatorio, podrá pasados treinta días, acudir al Juez con certificado de la conciliación, pidiendo que el que la promovió entable la demanda. El Juez lo ordenará así al actor en la conciliación, señalándole el término, bajo apercibimiento, determinado en el artículo 866.

Art. 870. - Si alguna grave causa justificada embarazase promover la demanda en cualquier caso de jactancia, podrá el Juez prorrogar el término hasta treinta días.

Art. 871.- La acción de jactancia no enerva ni afecta las acciones legítimas que se tuviesen por perjuicios u otras análogas.

Art. 872- La acción de jactancia no puede deducirse pasados seis meses desde la época en que tuvieren lugar los dichos o hechos que la constituyen».

Además, en el Art. 259 disponía que cuando quien tenía que emprender un viaje sentía temor de que alguien estuviera esperando su marcha para promoverle un juicio, estaba habilitado para requerir judicialmente a este último que planteara su demanda antes de la partida. No previó sin embargo que para el caso de que el intimado no planteara su demanda quedara obligado a postergar el ejercicio de su derecho de acción hasta el regreso del viajero de modo que esta diligencia provocativa se tornaba totalmente inútil, por cuanto el intimado podía o no plantear su demanda en estos casos sin que ello le significase la eventualidad de perjuicio alguno. En otras palabras: un procedimiento técnicamente inútil por falta de previsión de la consecuencia correspondiente. ABAL OLIU, Alejandro, «El proceso de jactancia en el CGP luego de la Ley N° 19.090», Revista de Derecho. Facultad de Derecho de la Universidad Católica del Uruguay, 2.ª época. Año 13, n° 15 , julio 2017, pág. 12

96. En Paraguay, el Código de Procedimientos en materia comercial, civil y penal, de 21 de noviembre de 1883 en sus Arts. 361 a 364 se regulaba la acción de forma idéntica al CPC de la República Oriental del Uruguay.

97. El Código de Procedimientos en materia civil y comercial sancionado por la legislatura de la provincia de Buenos Aires el 20 de agosto de 1880, y puesto en vigor para la Capital Argentina por ley del honorable Congreso Nacional de fecha 12 de noviembre del año 1886 disponía en su Art.425: *«La acción de jactancia es acordada contra toda persona capaz de ser demandada y que,*

Bolivia (1878)[98], el Código de Enjuiciamientos en Materia Civil
de Ecuador (1869)[99], el Código Procesal Civil de El Salvador

*fuera de juicio, se hubiera atribuido derechos propios a los bienes que constituyen
el patrimonio de un tercero».* Por lo demás quedaba configurado como un
proceso especial («Del juicio de jactancia»), igual que en el anteriormente CPC
dictado en la República Oriental del Uruguay
98. En Bolivia, el Código de Procederes de Santa Cruz (1852) contenía un Título,
el séptimo que 7 se intitulaba «De otros varios procedimientos» dentro del cual
su Capitulo XII trataba «Del modo de proceder en el juicio de jactancia».
En los Arts. 722 y ss. se decía: «*Art. 722.- El que intentare juicio de jactancia
contra alguno que hubiera publicado ser su acreedor o hubiera hecho correr
rumores ofensivos a su buena reputación, se presentará ante el Juez instructor
con el documento que justifique la jactancia pedirá al juez se notifique al
jactancioso ponga su demanda.*
*Art. 723.- El Juez mandará a éste lo haga así en el plazo de ocho días, pasados
los cuales sin que se justifique la jactancia y a pedimento del ofendido, obligará
al jactancioso a retractarse, según las circunstancias que hubieren intervenido
(y se detallan en el Art. 85 del Código Penal).*
*Art. 724.- Todo el que hubiere sido llamado a juicio conciliatorio, podrá pasados
sesenta días de él acudir al juez de letras con certificado de la conciliación
pidiendo que el que la promovió entable su demanda.*
*Art. 725.- El Juez ordenará al que llamó a juicio conciliatorio lo haga así dentro
de ocho días so pena de extinguirse sus acciones. Art. 726.- Si se dejare correr
este plazo sin qué se entable la demanda el juez á pedimento del interesado
declarará la acción extinguida.*
*Art. 727.- Si alguna grave causa embarazare promover la demanda, tanto en
los sesenta dias como en los ocho de que hablan los articulos 724 y 725, justificada
ella; podrá el Juez prorrogar como último término el de dos meses».*
En parecidos términos se expresaba la *Compilación de Leyes de Procedimiento
Civil ordenada en la Administración del General Hilarión Daza*, de fecha 16
de julio de 1878, donde su Título VII «Otros varios procedimientos» le dedicaba
el Capítulo 13 (Arts. 639 y ss.) a nuestra institución.
99. En Ecuador, el Código de Enjuiciamientos en Materia Civil, expedido en
1869, por la Asamblea Nacional Constituyente señalaba:
«*Art. 1069. La demanda de jactancia tendrá lugar cuando alguno anduviere
diciendo que es dueño de los bienes que otro posee, ó que tiene derecho en ellos,
y que va á demandarlos judicialmente.*
*Art. 1070. El que así se viere amenazado por esta causa, podrá pedir al juez
competente que se prevenga al jactancioso proponga la demanda, y que de no
verificarlo se le impondrá perpetuo silencio.*

(1881)[100], el Código de Procedimientos de Guatemala (1877)[101],

---

Art. 1071. El juez mandará que dentro de tercero día comparezcan el demandante y el demandado con los testigos que tuvieren, los cuales no podrán exceder de seis por cada parte, y les oirá en juicio verbal. Si apareciere comprobada la jactancia, el juez ordenará que el jactancioso proponga la demanda en el perentorio término de treinta días, con la prevención que de no verificarlo se le impondrá perpetuo silencio; todo lo cual constará de un acta firmada por el juez, las partes, los testigos de la información, y autorizada por el escribano.
Art. 1072. Si el demandado no compareciere al juicio verbal, el juez resolverá en rebeldía atendiendo á las pruebas del actor.
Art. 1073. Si el jactancioso no entablare su acción en el término señalado, se le impondrá perpetuo silencio, y se le condenará en las costas del juicio.
Art. 1074. De la resolución que se diere en este juicio, podrá interponerse el recurso de apelación, y el juez ó tribunal superior resolverán por solo los méritos del proceso. De lo que se resolviere en segunda instancia no habrá lugar á otro recurso que al de queja.».
En parecidos términos se expresaban los Arts. 1069 y ss. y Arts. 1084 y ss. de los posteriores Códigos de 1879 y 1890, respectivamente
100. En El Salvador, dentro de los «casos particulares» incardinados en el Titulo III llamado «De los actos previos a la demanda» dentro del Código de Procedimientos Civiles de 1881 se señalaba en su Art. 161: *»Cuando alguno se jactare de que otro le es deudor o responsable de alguna cosa o acción, puede éste pedir que aquél formalice su demanda. El Juez dará traslado de la solicitud por tres días a la parte contraria; si ésta en su contestación niega la jactancia, se abrirá el juicio a prueba por ocho días. Si no la niega o si la confesare, el Juez le ordenará que dentro de ocho días perentorios proponga su demanda en la forma debida; interpuesta, se substanciará según la naturaleza de la acción; pero si no se interpone en el término fijado, el Juez, a petición de la otra parte, impondrá al jactancioso perpetuo silencio con condenación de costas; lo mismo hará en el caso en que, negada la jactancia, se justificare, entendiéndose que el perpetuo silencio implica en todo caso la prohibición de intentar la demanda en lo sucesivo.»*
101. En una regulación prolija, el legislador propone un enfoque novedoso respecto a lo que aquí denominamos acción de jactancia «clásica», enfoque que resultó ser el antecedente precursor de la posterior normativa contenida en el Art. 785 y ss del Código de Enjuiciamiento Civil y Mercantil de 20 de abril de 1934. En efecto, el Código de Procedimientos de la República de Guatemala (Decreto Gubernativo Número 176, del 8 de marzo de 1877), dentro del Título II intitulado «De los juicios extraordinarios», trataba en su Capítulo II *»Del juicio de jactancia y del modo de proceder en él».* Se disponía lo siguiente:

«Art 1017. Toda persona puede interponer ante un Juez competente la demanda de jactancia para prevenir los daños que le resultarian de un dicho o de un juicio promovido intempestivamente.
Art. 1018.Tendrá lugar esta demanda:1° Si alguno divulga que le pertenece el derecho ó la cosa que otro tiene: 2. ° Si alguno difama á otro con sus dichos ó asegura que le debe: 3.° Si alguno niega públicamente el estado civil ó de familia de otra persona: 4° Si alguno para promover un juicio con ventaja, dice que espera la ausencia, muerte ó impedimento de los testigos; ó la imposibilidad de producir otros medios de prueba con que la persona á quien habia de demandar sostendría su derecho. 5° Si alguno dice que espera la ausencia ó impedimento de una persona para demandarla, ó que espera su muerte para interponer contra los herederos, la demanda á que contestaría aquella persona si viviese.
Art. 1019. En cualesquiera de los casos espresados en el artículo anterior, el interesado presentará la demanda al Juez de primera instancia, refiriendo los hechos y motivos que tiene para impedir la jactancia; y ofreciendo sumaria información para acreditarla. Art. 1020. Mandará el Juez se reciba la información ofrecida con citación del que se jacta, y no admitirá recurso que la entorpezca, si no es la propia demanda.
Art. 1021. Probada la jactancia con la información producida, puede el demandante pedir, en los casos 1°, 2°, 3° y 5°. del Art. 1018, que se notifique al que se jacta, se desdiga o ponga su demanda en un término perentorio, bajo apercibimiento de imponer perpetuo silencio, en caso contrario. El Juez accederá a esta petición, designando el término dentro del cual debe interponerse la demanda.
Art. 1022. Puede pedir el demandante, en el caso 4.° del artículo 1018 que con citación del que se jacta, se reciba la declaración al testigo ó testigos, reservándola para hacer uso de ella cuando se interponga la demanda; ó que se practique otro medio de prueba,cuya imposibilidad se espera para demandar el derecho ó la cosa. El Juez ordenará como se pide.
Art. 1023.Notificado este auto a las partes, si se interpone la demanda por el jactancioso, seguirá el juicio por los trámites que corresponda a su naturaleza.
Art. 1024.Vencido el término señalado sin haber interpuesto la demanda, y acusadas dos rebeldías por el que probóla jactancia, el Juez impondrá silencio al que se jactó.
Art. 1025.Si notificado el auto, la persona que se jactó reclamase de él dentro de tres dias, indicando las causas que tiene para considerarse con derecho, y los justos motivos que le asisten para no deducir desde luego su acción, el Juez le señalará otro término competente para que entable la demanda.
Art. 1026. Vencido este segundo término sin haberse interpuesto la demanda, se acusará nueva rebeldía, y por su mérito, se mandará llevar á efecto el auto de que se reclamó.

el Código Procesal Civil de Costa Rica (1888)[102] y el Código Procesal Civil de la Capital Federal de México y Estado de Baja California (1872)[103].

Art. 1027. Cuando la demanda de jactancia se interponga por causa de difamación, puede el querellante, si prueba la jactancia, pedir al Juez que obligue al jactancioso á que pruebe su dicho ó á que se retracte de él en el Juzgado. Si no prueba ni se retracta puede entablar su acción de injurias, conforme á las leyes.

Art. 1028. La demanda de jactancia no dá prevención al Juez que conoce de ella, para radicar en su Juzgado el juicio que promueva el jactancioso.»

102. El Código de Procedimientos Civiles de Costa Rica de 1888 abordaba la cuestión desde otra óptica distinta; incardinado en el Capítulo Único «Acciones», del Título I del Libro I, su Art. 4 rezaba:

«A nadie puede obligarse a intentar una acción, excepto en el caso de amenazas de gestiones judiciales proferidas contra una persona, o aun de simples jactancias por las cuales un tercero haya expresado tener pretensiones que deducir contra ella, y las cuales, por su naturaleza, puedan menoscabar su crédito o turbar la pacífica posesión de su estado o patrimonio. En tal caso el Juez obligará al jactancioso a que establezca su demanda dentro de treinta días bajo pena de multa de cien a quinientos colones.» Como es de ver, el legislador afrontaba la acción acentuando su funcionalidad provocativa, sin extenderse respecto a su especialidad procedimental.

103. En el CPC del año 1872 para México D.F y Estado de Baja California, su Art. 53 señalaba :

«Nadie puede obligarse a entablar demanda salvo en los casos previstos en la ley», aunque lo cierto es que ninguna preveía tal contingencia. Sin embargo, en el posterior, CPC del año 1880 disponía en el mismo numeral los tres casos en que alguien estaba obligado a plantear demanda obligatoriamente *«a).- Cuando alguien se jacta públicamente de ser titular de algún derecho contra otro puede ser compelido y obligado judicialmente a formularla en determinado plazo, si acepta el envite b).- Cuando alguien tenía que emprender un viaje sentía temor de que alguien estuviera esperando su marcha para promoverle un juicio, estaba habilitado para requerir judicialmente a este último que planteara su demanda antes de la partida y c).- Cuando alguno tenga acción o excepción que dependa del ejercicio de la acción del otro, a quien pueda exigir que la deduzca, oponga o continúe desde luego; y si excitado para ello se rehusare, lo podrá hacer aquél.».*

Posteriormente, en el CPC de 1884, su Art. 23 redujo los casos de demanda obligatoria a dos: a).- Acción de jactancia y b).- Cuando por haberse interpuesto tercería ante un Juez menor por cuantía mayor de la que fija la ley para los negocios de su competencia, se hayan remitido los autos a otro juzgado y el tercer opositor no concurra a continuar la tercería.

ACTO V

LA MUERTE E INHUMACIÓN DEFINITIVA DE LA ACCIÓN DE JACTANCIA CLÁSICA EN ESPAÑA

El Tribunal Supremo señala los contornos de una acción de jactancia reformulada y «renacida», con los «efectos que le son propios»: su función provocativa. Su reconocimiento legal en numerosos países de Hispanoamérica

SENADO DE URUGUAY
SECRETARIA
Dirección de Comisiones

XLIIIa Legislatura
Tercer - Período
Carpeta Nº 773 de 1987
DISTRIBUIDO Nº 325 de 1987

COMISIÓN DE CONSTITUCIÓN Y LEGISLACIÓN
Julio de 1987
CÓDIGO DE PROCEDIMIENTO CIVIL
- Se introducen modificaciones -

Preside:
Señor Senador Gonzalo Aguirre Ramírez
Miembros:
Señores Senadores Dardo Ortiz, Pedro W. Cersósimo y Juan Carlos Fá Robaina

Invitados Especiales:
Señores doctores Adolfo Gelsi Bidart, Enrique Vescovi y Luis A. Torelló

SEÑOR PRESIDENTE.- (...) pasamos a considerar el Capítulo II, «Proceso Provocatorio (Jactancia). Artículo 299, «Regla General».

SEÑOR ORTIZ.- La palabra «provocatorio» no existe, por lo que debería usarse «provocativo» aunque no quede muy bien.

SEÑOR TORELLÓ.- Si bien no hay argumentos de peso, todos los Códigos Latinoamericanos titulan al proceso como «provocatorio».

SEÑOR CERSÓSIMO.- Tal vez podría utilizarse la expresión «proceso provocativo o provocatorio».

SEÑOR ORTIZ.- Me remito a lo que dice el Diccionario de la Real Academia.

SEÑOR PRESIDENTE.- Creo que el señor Senador Ortiz gana esta reyerta gramatical, apoyado por-el Diccionario.

(...)

SEÑOR CERSÓSIMO.- Quisiera saber por qué se ha puesto entre paréntesis el término (jactancia). ¿No se trata de un proceso provocativo o jactancia? Si se pone entre paréntesis, parecería que no tiene ningún significado.

SEÑOR TORELLÓ.- Podría quedar como dijo el señor Senador: «Proceso provocativo o jactancia».

SEÑOR ORTIZ.- Me ha asaltado una duda y es en cuanto a si la jactancia es solo sobre intereses de carácter económico.

SEÑOR TORELLÓ- Ahí está el problema; si la atribución puede dar lugar a la jactancia, es una dificultad doctrinaria bastante grande. Según se ha sostenido, carece de todo sentido desde que existe la posibilidad de la acción declarativa. En principio, nuestra intención era eliminar este término del Código, pero siempre puede haber algún caso en que ella proceda; se ha tratado de regularla respecto de estas hipótesis, ya que en los otros casos siempre se puede iniciar una acción declarativa de exclusión, como es el caso de estado civil. Él Código nunca previó específicamente sobre qué derechos serán atribuibles a otros y se entendió que en general eran derechos de contenido patrimonial. Cuando se atribuye un estado civil con repercusiones patrimoniales, obviamente se puede hacer.

SEÑOR PRESIDENTE.- El título del Capítulo II es «Proceso provocativo o de jactancia». Léase el artículo 300.
(...)

**Versión taquigráfica de la sesión de la
Comisión de Constitucion y Legislación
del día 23 de julio de 1987
—SIN CORREGIR—**

A pesar del fugaz, episódico (e inesperado) protagonismo, al ser reconocida la acción de jactancia por la Jurisprudencia como el antecedente lejano de las pretensiones mero declarativas, lo cierto es que, en España, la Doctrina continuó poniendo de manifiesto su inutilidad práctica: la gran mayoría de turbaciones —extrajudiciales— a derechos subjetivos contaban con su propia tutela incluso con efectos más contundentes que la mera declaración.

Y es que, aquello que ya anunciaron los juristas en los albores de la Codificación adjetiva española, a mediados del siglo XIX, fue reiterado por la Doctrina de mediados de los años 80 del siglo XX: PRIETO-CASTRO[104], en 1985 prácticamente calca las palabras de DE MONER[105] en 1853 cuando recuerda que «...*para aquellos casos en que la perturbación verbal afecta a la posesión, nuestro derecho positivo pone a disposición del poseedor los interdicto donde la sentencia no tiene alcance mero-declaración negativa sino puede llevar consigo medidas ejecutivas;*

---

104. PRIETO-CASTRO FERRANDIZ, Leonardo, *Tratado de Derecho Procesal Civil*. 2ª edición. Editorial Aranzadi, 1985, pág. 446 citado por MARTIN-BALLESTERO, Luis, «La acción negatoria», op cit, pág. 125-126.
105. *Vide* Nota 82. La opinión expuesta por el insigne procesalista, con identidad de razón, puede ser rebatida con los argumentos que ya expusimos en aquella Nota al pie, esto es, que la relación no abarcaba todos los supuestos —olvidaba las perturbaciones en torno a derechos personales y acciones obligacionales— y que la argumentación quedaba debilitada si se considera la compatibilidad del proceso ordinario y los actos jurídicos reseñados con la provocación característica de la acción de jactancia a modo de remedios complementarios.

para la perturbación de hecho u oposición de impedimentos contra los derechos reales inscritos, la Ley Hipotecaria ha acudido a u mecanismo provocatorio análogo al de la acción de jactancia que conduce a una serie de impositio silentii y en su caso a una serie de medidas ejecutivas».

El resultado vino siendo que, de nuevo, en la práctica, sin quedar derogada formalmente, el ejercicio de la acción durante este periodo fue languideciendo hasta su muerte virtual por su inutilidad práctica y también por su disfuncionalidad procesal. Y lo que era peor, por todo ello, cuando se hacía uso de ella, se venía articulando defectuosamente desde un punto de vista técnico-procesal[106].

Desde mediados del siglo xx hasta bien entrado el siglo XXI, se vino a poner de manifiesto que la acción de jactancia ya no

---

106. En efecto, como nos recuerda la Doctrina, el principal problema en la práctica viene siendo su defectuosa formulación. Si se observan los antecedentes judiciales se alcanza la conclusión de que el principal escollo con el que se encuentran habitualmente los juzgados para estimar la acción de provocación, no es otro que su defectuoso planteamiento por las partes que la invocan. Es muy común confundir la acción de jactancia con una acción declarativa de dominio (pidiendo del juez que declare que el bien es del demandante y no del jactancioso), con una acción de defensa del derecho al honor (pidiendo que se declare la intromisión ilegítima en el derecho al honor y figuras afines (deslinde..). Contamos con numerosos ejemplos a en este sentido. En la SAP Asturias de 30 de abril de 2008, la STS 1º de 17 de noviembre de 2011 o la más abajo comentada STS 1ª de 20 de mayo de 1988, descartan por completo la aplicabilidad de la acción de jactancia articulada en las demandas iniciales a los casos enjuiciados: se trataban más bien de intromisiones al derecho al honor o de una acción declarativa de dominio. En numerosos casos detrás de una «acción de jactancia» se esconde una indefinición superficial que llevaría a un problema de lindes o extensión (SAP Málaga 5.ª, de 31 de julio de 2012); o la discusión sobre el dominio o titularidad de un terreno (SAP Cáceres 1.ª, de 17 de enero de 2014) En la SAP Asturias 4.ª, de 8 de julio de 2013 se concluye que lo que se aprecia es una mera discrepancia entre el demandante y los demandados respecto a si aquél se hallaba o no al corriente en el pago de las cuotas de la comunidad. JUAN GOMEZ, Mateo, «La acción de jactancia: una reliquia jurídica...». op.cit. que aún conserva utilidad», Diario La Ley, Año XXXVI, Número 8461, 19 de enero de 2015, pag.5.

tenía —ni podía tener—, la naturaleza, significación y alcance jurídico-procesal que tuvo en el pasado y que debía de ser reformulada. En definitiva, que la acción de jactancia «clásica», resucitada en su momento por el Alto Tribunal, podía darse ya por muerta, inhumada definitivamente. De modo sintético era evidente que nuestra acción:

a). No podía ser ya la acción tendente a la declaración de la existencia o inexistencia de derechos o situaciones jurídicas. Esta clase de pretensión ya adquirió carta de naturaleza en nuestro ordenamiento jurídico: fue admitida inicialmente por la Jurisprudencia a mediados del siglo XX y hoy es posible pretender declarar la existencia o inexistencia de derechos y situaciones jurídicas sin necesidad de previa «provocación» a demandar; por tanto, esta finalidad (inmediata) la ha perdido la acción de jactancia «clásica».

b). Tampoco podía ser para la acción idónea para defensa judicial indirecta frente a perturbaciones de hecho en derechos propios. Sin necesidad de esa provocación existen hoy numerosísimas acciones específicas reconocidas —por el Código Civil y por otras leyes civiles— para la defensa judicial directa e inmediata frente a perturbaciones de hecho en derechos propios. Esta arsenal estaría conformado, en primer lugar, por el reconocimiento en el Art. 5 LEC 2000 de las pretensiones declarativas, mero-declarativas de derechos y situaciones o incluso de relaciones jurídicas, que cuentan ya con refrendo legal[107]. Pero particularmente, el afectado contaría con numerosas, específicas y eficaces acciones judiciales, muchas de ellas además de-

---

107. «*Artículo 5. Clases de tutela jurisdiccional. 1. Se podrá pretender de los tribunales la condena a determinada prestación, la declaración de la existencia de derechos y de situaciones jurídicas, la constitución, modificación o extinción de estas últimas, la ejecución, la adopción de medidas cautelares y cualquier otra clase de tutela que esté expresamente prevista por la ley. (...)»*

clarativas de derechos[108]. Todas ellas evitan el rodeo y las complicaciones de una previa «provocación.

De manera que, anulada su utilidad práctica con finalidades inmediata y mediata enderezada bien a la mero-declaración de derechos o bien a su simple defensa de derechos propios a través de la provocación, en las postrimerías del siglo XX, la acción de jactancia «clásica» se encontraba ante panorama diagnóstico desolador .

Sin embargo, el tratamiento de «choque» en orden al «renacimiento» de esta figura jurídica nos la va a proporcionar el Tribunal Supremo; lo hará en sucesivas píldoras, en unas sucesivas resoluciones que se cuentan con los dedos de una mano...

Repasaremos seguidamente esta serie de cruciales resoluciones del Alto Tribunal que nos ayudarán a evaluar las debilidades y fortalezas que presenta la acción «clásica»; conocidas éstas estaremos en condiciones de plantear nuestra tesis para su reformulación en nuestro ordenamiento jurídico contemporáneo en orden a su utilidad y eficacia real.

---

108. Sin ánimo de exhaustividad señalaremos algunas: interdictos de retener, y recobrar la posesión, de obra nueva y vieja, acción reivindicatoria y declarativa de dominio, de deslinde y amojonamiento de fincas, del Art. 41 de la Ley Hipotecaria, acción confesoria y negatoria, acciones hereditarias (de entrega de posesión, de petición...). La difamación y el deshonor así como el estado civil contaban ya en el ordenamiento jurídico patrio a partir de la Constitución de 1978 con su propia normativa tutelar ó tuitiva incluyendo acciones declarativas específicas (L.O 1/1982 de protección civil de los derechos al Honor, Intimidad e Imagen y L.O 2/1984 de rectificación, acciones de impugnación y reclamación de filiación...). A todo ello debía añadirse el desempeño consolidado de los Registros Civil y de la Propiedad que, sin necesidad de previa provocación, permiten asentar, declarar y defender por acreditación tanto actos y hechos jurídicos como derechos subjetivos relacionados con el estado civil y de la personalidad, derechos reales y personales...Se encontrará un auténtico *vademecum* informante de las acciones y pretensiones más al uso en nuestro Derecho civil en PUIG BRUTAU, José; MÉNDEZ TOMÁS, Rosa María;. VILALTA NICUESA, A. Esther, *Diccionario de acciones en Derecho Civil Español,* Editorial Bosch, 2004.

A nuestro juicio, de todo el conjunto de resoluciones aludidas puede destilarse, el amparo y el fundamento que habrá de configurar nuestra propuesta de una acción de jactancia «renacida»: el ejercicio abusivo del Derecho. Y es que, ¿*quid* de una acción de jactancia con funcionalidad provocativa con pronunciamiento condenatorio para su aplicación excepcional en determinados casos y además en un proceso específico?. Repasemos estas resoluciones.

1. STS 1ª de 27 de febrero de 1980. Es el primer pronunciamiento a considerar, que nos ayudará a entender el desenvolvimiento procesal de nuestra acción.

En esta resolución, el Alto Tribunal se encarga de poner de relieve cómo los litigios en que se pretende con base en la acción de jactancia presentan especiales características. Enfatiza que, en efecto, este proceso provocativo consta, en realidad, de dos superpuestos: el primero, (el genuinamente provocativo de jactancia) queda resuelto por una sentencia parcial , y se define si los hechos o derechos atribuidos son infamantes o deshonrosos ; en el segundo, el posterior, se entra en el fondo del asunto y se concluye si dichos hechos son ciertos o dejan de serlo, es decir, la segunda sentencia o sentencia total solo opera acerca de la realidad o probanza de esos hechos ya calificados como infamantes o deshonrosos por la primera de esas sentencias. De ahí —añade el Alto Tribunal— que: «...*esta segunda sentencia deducida al amparo de la primera, nace limitada o limitando la competencia del propio juzgador a esa declaración sobre la realidad o certeza de las imputaciones definidas ya como infamantes, a la exclusiva declaración de hechos porque el derecho de provocar al difamador ya quedó afirmado por la primera resolución, así como la calificación de que tales hechos resultaran infamantes para quien provoca si los mismos son debidamente probados. De donde, al formularse la demanda segunda, tratase con ella tan sólo de la prueba de esas afirmaciones o hechos, en busca de que su resultado, surja la supuesta deshonra o no surja como, cierta...».*

Se nos está poniendo de manifiesto con claridad que, a diferencia de lo que ocurría durante la vigencia de *Partidas* antes de la Codificación, la denuncia de jactancia y consecuente provocación y el fondo de la contienda debían dilucidarse señaladamente en dos procesos distintos. O dicho de otro modo, que, vigentes las Leyes de Enjuiciamiento Civil, debían disociarse las finalidad inmediatas y mediatas de la acción que habrían de dilucidarse en dos procesos distintos.

La Sentencia contiene importantes enseñanzas en la medida que clarifica la verdadera finalidad de nuestra acción, la pretensión que encierra y el pronunciamiento judicial al que debe dar lugar. Volveremos sobre esta cuestión más adelante, resolviéndola.

2. STS 1ª de 20 de mayo de 1988. Cronológicamente, resulta ser la segunda resolución de interés. Aunque en ella se desestima la pretensión del actor que en su demanda enmascaró bajo los fundamentos jurídicos propios de una acción de jactancia «clásica», lo que no era sino una pretensión mero-declarativa de dominio[109], contiene una serie de afirmaciones *obiter dictum* muy relevantes en lo que aquí nos interesa: «...*sabido es que dicha Ley 46 regula la «acción de jactancia» y ...si bien ni el Código Civil ni la Ley Procesal (ni 1881 ni 2000) la recogen, ni dicen nada acerca de la misma, la jurisprudencia de esta Sala tiene declarada la vigencia de la tan meritada Ley 46 **a los efectos que le son propios**, que el **que se jacta de un derecho***

---

109. Escenario harto frecuente en la práctica judicial como hemos puesto de manifiesto más arriba: la defectuosa formulación de la acción de jactancia. *Vide* Nota 106. En una situación idéntica, estimará la demanda la SAP Ciudad Real de 6 de marzo de 2000: «...*siendo así que en el presente caso los hechos aducidos en la demanda realmente nos apartan de esa denominada acción de jactancia para comprobar que en realidad lo que se ejercita es una acción declarativa negativa, al pretender la parte la declaración de que nada se debe como consecuencia del contrato firmado con el demandado el día 12 de julio de 1995. Acción que por lo dicho en los fundamentos anteriores debe de triunfar.*»

lo ejercite en el término que se le fije y de no hacerlo se le impone perpetuo silencio» (las negritas son nuestras).

La resolución pone el foco en su finalidad esencial, olvidando y orillando su episódico protagonismo como «*precedente y antecedente de las acciones declarativas, mero declarativas*». Esa finalidad no es otra que la provocativa a demandar: provocativo es sinónimo de «proactivo», de tutela judicial de carácter anticipado.

3. STS 1ª de 12 de marzo de 2009. En una tercera resolución de interés. En ella vamos a comprobar que el Tribunal Supremo señala —sugiriéndolo— un campo donde puede resultar muy útil el ejercicio de la acción de jactancia.

En efecto, en esta resolución, en pronunciamiento *obiter dictum,* propuso la posibilidad de la utilización por parte de las aseguradoras (deudoras) de la acción de jactancia con la finalidad de poner fin a una situación de incertidumbre en la reclamación de un derecho de crédito, y particularmente, frente a sucesivas reclamaciones por parte de un perjudicado (acreedor) que interrumpen la prescripción de la acción personal por responsabilidad extracontractual (Art. 1968.2 CC). Señala la resolución que «*...las aseguradoras también disponen de una solución judicial, pues si consideran que el perjudicado está dilatando indebidamente la presentación de la reclamación pueden ejercitar frente al mismo la acción de jactancia (regulada en Las Partidas y cuya vigencia ha sido declarada por el Tribunal Supremo) y exigirle que presente la reclamación.*».

A nuestro juicio, el Tribunal Supremo —quizás sin ser consciente de ello— estaba marcando los caracteres básicos de una reformulada acción de jactancia.

A partir de la citada resolución, las aseguradoras tomaron buena nota de aquella sugerencia. Fueron y fueron numerosas las resoluciones dictadas en la Jurisprudencia menor que abordaron la cuestión, pudiéndose citar las SAP Barcelona 13ª de 26 de octubre de 2011, SAP Lugo 1ª de 2 de septiembre de 2015, SAP A Coruña 5ª de 27 de diciembre de 2022, SAP Almería 1ª de 3 de octubre de 2023. Verdaderamente todas ellas desestiman las pretensiones de las aseguradoras; enfatizan que la acción de jactancia exige la presencia de una perturbación pública a través de una notoria ostentación, de la que adolecían las pretensiones deducidas en cada uno de los casos.

Con propósito sintetizador, la reciente SAP Murcia 5ª (Cartagena) de 28 de febrero de 2023 resume el estado de la cuestión[110]; en lo que aquí interesa, destaca la citada resolución

---

110. Lo hace con estas palabras: «*...la jurisprudencia menor mayoritaria entiende que la denominada acción de jactancia sí sería viable en supuestos de posibles reclamaciones judiciales por accidentes de tráfico que se dilatan indebidamente frente a las aseguradoras y ello por mor de la STS citada en el recurso 158/2009. Así la reciente SAP de A Coruña de 27 de diciembre de 2022, donde se expone que "nuestro derecho dota a la aseguradora de los mecanismos necesarios, como la acción de jactancia, para exigir a María Milagros presentar la demanda.- En este sentido, el Tribunal Supremo, Sala Primera, de lo Civil, Sentencia 158/2009 de 12 Mar. 2009, Rec. 885/2004 dice.- "Las aseguradoras también disponen de una solución judicial, pues si consideran que el perjudicado está dilatando indebidamente la presentación de la reclamación pueden ejercitar frente al mismo la acción de jactancia (regulada en Las Partidas y cuya vigencia ha sido declarada por el Tribunal Supremo) y exigirle que presente la reclamación." En el mismo sentido la Audiencia Provincial de Barcelona, Sección 13ª, Sentencia 518/2011 de 26 Oct. 2011, Rec. 751/2010: "Alega también la recurrente que se ha dado una dejadez por parte del actor en iniciar su reclamación, obrando con mala fe y dilatando accionar la vía judicial. Esta afirmación, sin embargo, no es del todo cierta, pues la aseguradora tiene soluciones legales y judiciales para solventarlo. Dispone de una solución legal cual es el mecanismo de la consignación y también las aseguradoras disponen de una solución judicial, pues si consideran que el perjudicado está dilatando indebidamente la presentación de la reclamación pueden ejercitar frente al mismo la acción de jactancia (regulada en Las Partidas y cuya vigencia ha sido declarada por el Tribunal Supremo) y exigirle que presente la reclamación ". De este modo, es claro que la acción de jactancia, pese a carecer de expresa regulación legal, es admisible en nuestro sistema procesal, debiendo entenderse de un forma restrictiva, tal y como expone la SAP de A Coruña de 6 de abril de 2022, con cita de su auto de 28 de enero de 2019, en el que se dice que "para nosotros la causa legal de inadmisión es la indicada en el auto recurrido en cuanto establece precisamente cual es el cauce procesal al objeto pretendido en la demanda examinada para la consignación liberatoria de los intereses y de la obligación indemnizatoria derivada de su responsabilidad como aseguradora en las lesiones causadas en atropello que se alega en dicha demanda. Pese a que se mencione*

murciana que «...*lo que si es evidente es que la procedencia de la acción de jactancia requiere una dilación indebida e injustificable en la reclamación judicial, que, (...) habrá de ser patente e indiscutible, dado su citado carácter restrictivo.*».

Llegados a este punto, y sentadas las bases que nos han de servir para formular nuestra propuesta de acción de jactancia «renacida», cumple poner de manifiesto cómo nuestra acción está aún hoy reconocida y regulada en algunos países de Hispanoamérica. Por tanto, merece la pena traer a colación dicha normativa procesal de Derecho comparado por si pudiera resultarnos útil en alguna medida y por si pudiera aportar una perspectiva novedosa sobre la cuestión.

De inicio, vamos a comprobar que resulta común denominador en todas ellas su articulación en un proceso, generalmente específico, con carácter previo o preliminar a otro principal y a veces, de naturaleza sumaria. Pasamos a su examen, siguiendo en esta ocasión un criterio geográfico de Norte a Sur del continente:

1. MÉXICO. En los Códigos Procesales de los Estados de Aguascalientes, Baja California, California Sur, Campeche, Chiapas, Chihuahua, Colima, Hidalgo, Jalisco, Michaocán, Nayarit, Nuevo León, Oaxaca, Querétaro, Quintana Roo, Sonora, Sinaloa, San Luis de Potosí, Tamaulipas, Veracruz y Zacatecas la acción está recogida expresamente. La regulación, a salvo de pequeñas variantes en algunas expresiones, es prácticamente idéntica en todos ellos[111]; remiten

---

en la misma, no se trata realmente de una acción de jactancia, provocatoria de la acción de la contraparte, de origen histórico y aplicación realmente excepcional o restrictiva hoy en día, no bastando con cualquier disconformidad entre las partes".

111. Tomamos la regulación contenida en el vigente Código de Procedimientos Civiles del Estado de Veracruz de Ignacio de la Llave que viene a ser la que se repite en todos los CPC de los citados Estados mexicanos: «Art. 12.- *A nadie puede obligarse a intentar o proseguir una acción contra su voluntad, excepto en los casos siguientes: (Reformada, G.O. 8 de septiembre de 1998) I.-Cuando*

esencialmente a la acción de jactancia «clásica» en la medida que la hacen depender de actos o palabras manifestados de manera *«pública»* y que ponen en duda la titularidad de derechos reales o de crédito. Todos ellos aclaran que la acción prescribe a los tres meses desde la fecha en que tengan lugar los dichos y hechos que la originaron. Lo verdaderamente destacable de todas las estas normativas radica en su articulación procesal: utilizando diferentes fórmulas, muchos de ellos, expresamente, canalizan la pretensión en un proceso especifico, por demás, distinto del proceso ordinario declarativo, y casi siempre sumario: *«este juicio se substanciará de forma sumaria»*, *«sumariamente»*, *«en la forma que para los incidentes»*, *«por la vía sumaria»*, *«como los incidentes»*.. De otro lado, prácticamente todos[112] remiten al instituto procesal del *«desistimiento de la acción»* si falta la formulación de la demanda por parte del jactancioso

De otro lado, dentro de la etapa preliminar del proceso, el vigente Código Procesal Civil de México D.F (1932) regula los medios provocatorios a juicio. Pues bien, tras las reformas a este Código —publicadas el 10 de enero de 1986— fue derogado expresamente el apartado I de su Art. 32 donde se recogía la acción de jactancia en términos practicamente idénticos a los descritos en los Esta-

---

algunos se jacten públicamente de que otro es su deudor, o de que tiene que deducir derechos sobre alguna cosa que otro posee. En este caso, el poseedor o aquél de quien se dice que es deudor, puede ocurrir al juez de su propio domicilio, pidiendo que señale término al jactancioso para que deduzca la acción que afirma tener, apercibido de que de no hacerlo en el plazo designado, se le tendrá por desistido de la acción que ha sido objeto de la jactancia. No se reputa jactancioso al que en un acto judicial o administrativo se reserva los derechos que pueda tener sobre alguna cosa o contra alguna persona. La acción de jactancia prescribe a los tres meses desde la fecha en que tuvo conocimiento el perjudicado, de los hechos o dichos que la originan»

112. Excepto el Código de Procesos Civiles del Estado de Aguascalientes que opta por la *«extinción de la acción»*

dos antes mencionados[113].Por la tanto, actualmente el Código de la capital federal no contempla esta figura.

No obstante, en opinión de la Doctrina del país azteca, para los territorios donde se halla expresamente regulada, la llamada acción de jactancia puede tener su fundamento jurídico en el amplio concepto de la acción contenido en el Art.10 del mentado Código Procesal, precepto modificado por las mismas reformas y según el cual «... *sólo puede iniciar un procedimiento judicial o intervenir en él, quien tenga interés en que la autoridad judicial declare o constituya un derecho o imponga una condena*

---

113. Resulta sumamente didáctica la definición de jactancia que se contiene en la Cuestión de Competencia 100/63 suscitada entre el Juez Décimo Primero de lo Civil y el Juez Primero de Distrito en Materia Civil en el Distrito Federal de fecha 16 de febrero de 1965 (Ponente: Mariano Ramírez Vázquez). En dicha resolución, dictada estando vigente la mencionada fracción primera del Art. 32 CPC del Distrito Federal, se decía: «*La jactancia consiste en la afirmación pública que una persona hace, de que otra es su deudora, o de que tiene una acción que ejercitar en su contra, sin que sea necesario que esa afirmación, sea injusta o de mala fe. El fundamento de la acción de jactancia se encuentra en el derecho a mantener la integridad del crédito personal y la seguridad jurídica; estar seguro de que lo que se posee es nuestro y que ningún peligro nos amenaza; saber que podemos disponer de ello, sin incurrir en responsabilidades. El fin principal que se persigue con su ejercicio es imponer una obligación al demandado, para que haga valer, en cierto tiempo, la acción que considere tener, y se consagra en favor del que posee una cosa, respecto de la cual el demandado ha expresado públicamente tener algún derecho. La acción de jactancia, por constituir una excepción al principio general de que nadie puede ser obligado a ejercitar una acción contra su voluntad, debe ser interpretada restrictivamente, en todo lo que concierne a su ejercicio, y así, en cuanto a competencia y forma de juicio, debe entenderse, conforme al texto del artículo 32 del Código de Procedimientos Civiles, que la competencia para conocer de ella está claramente determinada, en cuanto ordena que el poseedor o aquel de quién se dice que es deudor, puede ocurrir al juzgado de su propio domicilio. Si la persona que es objeto de la jactancia no tiene domicilio propio, será competente el Juez de su residencia, porque ésta suple a aquél y en cuanto a la forma de juicio, el mismo artículo dispone que se sustanciará sumariamente*». Tesis Registro digital: 257813 de Pleno, Sexta Época, Semanario Judicial de la Federación. Volumen XCII, Primera Parte, página 34

y quien tenga el interés contrario». En base en esta disposición, el afectado por la jactancia podría promover un juicio ordinario para que se condenase al jactancioso a ejercer la acción o pretensión que corresponda al supuesto derecho objeto de la jactancia, con el fin de que si no lo hiciese, se declare precluída dicha acción o pretensión y se le aperciba para que no incurra de nuevo en la jactancia.[114] .

Por tanto, y en síntesis, en México D.F, la acción de jactancia, sin estar proscrita no puede ser articulada ya, como en el pasado, como proceso provocativo sino que debe plantearse, tramitarse y resolverse, como toda acción, a través de un proceso contencioso.

Por identidad de razón, juzgamos que la misma conclusión debe alcanzarse en relación a los Códigos Procesales Civiles de los Estados de Tabasco, Puebla, Tlaxcala, Guanajuato, Durango, Morelos, Yucatán, Coahuila de Zaragoza y Guerrero, en donde la acción provocativa de jactancia bien no se regula o bien aparece como norma derogada.

2. GUATEMALA. A pesar de las severas críticas recibidas en su día por la Doctrina[115], el Código de Procesos Civiles de 1963, hoy vigente en Guatemala, señala que se tramitarán por Juicio Oral —junto con otras materias[116]— lo que allí

---

114. OVALLE FAVELA, Jose, Derecho procesal civil, Oxford University Press México, S.A. de C.V, Novena edición, 2012, págs.. 36 y 37 Derecho procesal civil citando a ALCALA-ZAMORA CASTILLO, Niceto, «*En torno a la noción de proceso preliminar*», en *Estudios de teoría general e historia del proceso (1945-1992)*, t. I, UNAM, México, 1974, *supra* nota 4, págs. 32 y 33; t. II, pág. 158

115. «*Mantener, a estas alturas, procedimientos especiales para, verbigracia (…) el ejercicio de la acción de jactancia resulta difícilmente comprensible*», ALCALA-ZAMORA CASTILLO, Niceto, «El nuevo Código Procesal Civil de Guatemala», Boletín del Instituto de derecho comparado de México. Año 18, nº 52, enero-abril 1965, pág. 184.

116. En concreto, asuntos de menor cuantía, de ínfima cuantía, relativos a la obligación de prestar alimentos, la rendición de cuentas por parte de todas las personas a quienes les impone esta obligación la ley o el contrato y la división

denomina «Declaratoria de jactancia». Aun cuando el enunciado carece de sustantivo, una interpretación gramatical permite deducir que el legislador se está refiriendo a la «acción declarativa de jactancia». Por otra parte, dada su incardinación sistemática en el Código cabe colegir que el juicio oral —situado en el Capítulo II del Libro Segundo— consiste en un proceso con una menor complicación procesal respecto al Ordinario (Capítulo I) (asimilable a nuestro Verbal) y que el legislador entiende como el más idóneo y adecuado para la tramitación de determinadas materias y asuntos. Se trata, por tanto, de un procedimiento especifico, *ad hoc* y de naturaleza sumaria.

La regulación, como en los Estados mexicanos, remite eminentemente a la acción de jactancia «clásica» alfonsina si bien en términos algo más avanzados, por su neutralidad expresiva y como novedad, con la inclusión de la puesta en duda de «acciones»: *«La declaración de jactancia procede contra todo aquel que, fuera de juicio se hubiere atribuido derecho sobre bienes del demandante o créditos o acciones en contra del mismo, de cualquier especie que fuere».* Elude el legislador exigir su manifestación de manera «pública» como sucedía más al Norte.

Lo verdaderamente destacable en el caso guatemalteco, son las disposiciones en relación al contenido de la sentencia que se dicte pues detalla que *«el Juez dictará sentencia declarando la jactancia y señalando al jactancioso un término de quince días para que interponga su demanda, bajo apercibimiento de tenerse por caducado su derecho».* Se comprueba, por un lado, que se trata de una resolución con pronunciamiento declarativo y de condena, simultáneamente, y, por otro, que el instituto procesal por la que opta en caso de no acatarse la condena es la de caducidad de la acción.

---

de la cosa común y las diferencias que surgieren entre los copropietarios en relación a la misma.

3. EL SALVADOR. Dedica el vigente desde 2008 Código de Procesos Civiles y Mercantiles de El Salvador su Capítulo tercero a las Diligencias Preliminares con el fin de preparar el proceso. Allí se regula en su Art. 256.10° y como uno de sus casos: «*La determinación judicial de la jactancia del acreedor con el fin de imponerle plazo perentorio para el planteamiento de su pretensión*».

La regulación, por tanto, no es especifica puesto que, de manera conjunta, se detalla el procedimiento para todas las clases de diligencias preliminares reconocidas. En lo que se refiere a nuestra acción, la normativa es asombrosamente parca puesto que, tras aquella primera enunciación, simplemente añade que si la persona no atendiera el requerimiento para la práctica de la diligencia preliminar, el tribunal podrá dictar Auto teniendo por cierta la jactancia invocada por el solicitante, procediendo a la fijación de un plazo no mayor de 10 días para el planteamiento de la correspondiente demanda; añade que, de no hacerlo, la demanda «*se volverá improponible*»[117]. En la legislación salvadoreña, por tanto, también nos encontramos con una resolución con judicial con pronunciamiento simultáneo de carácter declarativo y condenatorio.

4. COSTA RICA. Regula el Art. 109 del Código de Procedimientos Civiles de 2016 (en vigor desde 2018), el denominado «sumario de jactancia». Previamente determina el Art. 103.1 la nómina de pretensiones que han de seguirse a través del procedimiento sumario en donde queda incluida nuestra acción.

---

117. Es de destacar que, al presentarse dudas en cuanto pudiera esta regulación vulnerar los derechos de defensa, a ser oído y de acceso a la jurisdicción (reconocidos en los arts. 2 inc. 1°, 11 y 12 de la Constitución salvadoreña) la Sentencia de la Sala de lo Constitucional de la Corte Suprema de Justicia de fecha 5 de diciembre de 2012 (Proceso de Inconstitucionalidad 124-2007) declaró que no los contrariaba.

En cuanto a su procedencia, mantiene la regulación una raíz netamente «histórica» o «clásica» al exigir que la jactancia «*afecte en el crédito o en la pacífica posesión del estado o patrimonio del afectado*» y que la manifestación extraprocesal del jactancioso «*conste por escrito suyo, o lo hubiera manifestado verbalmente delante de dos o más personas*».

Aclara que esta acción prescribe a los tres meses desde que ocurrieron los hechos que conforman la jactancia. Contiene una regulación un tanto extravagante, con tintes moralizantes y correctivos, por cuanto, si queda acreditada la jactancia y no se formula demanda, el tribunal condenará al jactancioso «*..a retractarse de su dicho y se le impondrá una multa de uno a cinco salarios mínimos de profesional uno del sector público, dependiendo de la gravedad de la jactancia, que serán girados a la junta de educación del distrito de donde sea vecino el jactancioso, y se condenará también al pago de ambas costas, daños y perjuicios a favor del actor*».

Añade, que el afectado podrá exigir la publicación en dos periódicos de circulación nacional, a costa del jactancioso, de la resolución condenatoria. Como es de ver, el enfoque no es tanto jurídico-procesal (extinción, caducidad o desistimiento de la acción etc..) como de carácter punitivo y aleccionador lo que denota su apego al origen medieval del instituto (aquel «*el juzgador lo debe escarmentar*» alfonsino).

5. CHILE. Como Título III del Libro II regulan los Arts. 269 y ss. del Código de Procedimiento Civil de Chile (en vigor desde agosto de 1902 e incólume en este asunto desde entonces a salvo de algunos vocablos y de su numeración[118]) un proceso denominado «de la jactancia». Por su ubicación, tras el proceso de Conciliación y antecediendo

---

118. El Código de Procedimientos Civiles de la República de Chile publicado en 1902 lo regulaba originalmente en el Título I de su Libro II

a las Medidas prejudiciales y precautorias, se colige que para el legislador chileno estamos ante un proceso preliminar a otro de carácter principal. Como resulta usual en América, la acción de jactancia se somete en Chile a los trámites establecidos en el procedimiento sumario. El ámbito de aplicación remite a su origen medieval: *«manifestación (que) conste por escrito, o se haya hecho de viva voz, a lo menos, delante de dos personas hábiles para dar testimonio en juicio civil»*. Es una novedad que también se incluyan actos en el ámbito penal *«del que pueden emanar acciones civiles»*. En Chile, no caduca sino que prescribe la acción de jactancia en seis meses contados desde que tuvieron lugar los hechos en que pudiera fundarse.

Resulta un tanto parco el legislador chileno pecando de gran imprecisión al relatar el *iter* procesal: por un lado, ni detalla la competencia; por otro no precisa las distintas hipótesis que pueden surgir en su seno. Dispone que, si se diere lugar a ella y vence el plazo concedido al jactancioso para deducir su acción sin que cumpla lo ordenado, deberá la parte interesada solicitar que *«se declare por el tribunal el apercibimiento de deducir demanda»*. La consecuencia procesal de la falta de cumplimiento de lo ordenado simplemente radica en *«no ser oída después sobre aquel derecho»*[119].

---

119. No han faltado voces en la Doctrina chilena que denuncian que *«...la pérdida del derecho de accionar en Tribunales, implica la anulación del derecho de acción, contenido —de forma muy modesta, empero— en el artículo 19 número 14 de la Constitución Política, o planteado de otra forma, al derecho de tutela constitucional efectiva, que si bien no reconocido en nuestra Constitución en su dimensión correcta, sí se contiene en Tratados Internacionales»*, y que *«La jactancia, su naturaleza jurídica y sus efectos, invita a una insoslayable reflexión desde la perspectiva del derecho constitucional de propiedad, consagrado en el artículo 19 número 24 de la Constitución Política.».* MORETTI, Rodrigo, «Un desconcierto llamado Jactancia». Artículo publicado en Diario

6. URUGUAY. Una de las regulaciones más interesantes es la que se contiene en el Código de General del Proceso (CGP) de Uruguay. Aprobado por Ley 15.982 en octubre de 1988, este Código, en donde queda regulada en sus Arts. 299 a 304, sufrió una importante reforma en el año 2013 mediante Ley 19.090 que afectó también a nuestra acción.

Verdaderamente novedoso resulta la nomenclatura que adopta el legislador charrúa puesto que, de manera alterna, es denominado «Proceso Provocativo o de Jactancia», lo que enfatiza su funcionalidad procesal. Queda, con esta nomenclatura, incardinado este proceso como Capitulo II dentro del Título I denominado «Procesos Preliminares».

En relación al comportamiento que determina la jactancia, lo reduce a la existencia de una «*afirmación*» o de «*dichos*», lo que denota que excluye expresamente los «*hechos*», sin detallar forma o modo en que fueron vertidos aquellos. En cuanto a su ámbito de aplicación, también se muestra didáctico a la par que certero cuando detalla que deben tratarse de derechos «*de contenido económico*»; y no menos cuando concreta que la finalidad de iniciar este proceso provocativo es obtener la «*certidumbre jurídica de los derechos alegados*».

En Uruguay, la demanda de jactancia no podrá deducirse una vez transcurridos seis meses desde el momento en que hubieren tenido lugar los dichos que la configuraren. Para acentuar la naturaleza preliminar o previa de este proceso en relación al hipotético posterior, el legislador determina que la solicitud de declaración de jactancia se promoverá ante el tribunal que debiere conocer en el asunto principal[120].

Constitucional, 4 de septiembre, 2000. *Vide* Un desconcierto llamado Jactancia.
- Diario Constitucional
120. Debe interpretarse que el Tribunal objetiva, funcional y territorialmente competente para entender en el proceso de jactancia es aquel que, al tiempo de

Es destacable en el caso uruguayo que, si el citado reconoce la jactancia, no se persona o se manifiesta evasivo, el Juez declarará la jactancia y le intimará a formular demanda en el plazo de 30 días hábiles *«con apercibimiento de tenerse por caducado su derecho»*. Se comprueba, por un lado, que se trata de una resolución con pronunciamiento declarativo y de condena, simultáneamente, y , por otro, que el instituto procesal por el que opta es el de caducidad de la acción[121]. Resulta muy interesante comprobar que, según el Art. 295.3 CGP cuando se inicia un proceso de Conciliación y el actor no comparece en la audiencia, se habilitaría a la contraparte a iniciar este proceso de jactancia.

---

iniciarse ese proceso de jactancia (y no al tiempo del efectivo inicio del proceso ulterior), debería haber sido el competente para entender en el proceso ulterior. ABAL OLIU, Alejandro, «El proceso de jactancia luego de ...», op. cit. pág. 19
121. Resulta curioso comprobar que, en marzo 1988, unos meses antes de la aprobación del CGP uruguayo, a impulsos del Instituto Iberoamericano de Derecho Procesal, su Comisión, y en reunión celebrada precisamente en Montevideo, lugar de su fundación en 1957, formuló un «Anteproyecto de modelo para Iberoamérica de Código Procesal Civil» en cuyo Art. 268 y ss. se regula como preliminar un «proceso provocativo» de contenido prácticamente idéntico al de la normativa charrúa. El origen del mismo nos conduce a los profesores uruguayos Gelsi Bidart y Vescovi quienes propusieron sus Bases, que fueron sometidas a discusión y aprobación, por la totalidad de los participantes a las Jornadas celebradas en Bogotá y Cartagena de Indias, en 1970.

ACTO VI
LA ACCIÓN DE JACTANCIA DEL SIGLO XXI

De lo difamante a lo abusivo: una propuesta de reformulación de la acción de jactancia para dotarla de eficacia y utilidad

> *«Vas hablando mal de mí*
> *Y yo nunca te he hecho nada*
> *Vas por ahí soltando mierda,*
> *la mitad es inventada..*
> *...Vas hablando mal de mí*
> *con cualquiera que te encuentras*
> *con quien sabes que me entero,*
> *luego cuando me lo cuentan (...)»*

Los Punsetes
«Vas hablando mal de mí»
de su álbum *Aniquilación*
(2019)

Estimamos que la experiencia histórica patria y de Derecho comparado junto con la doctrina que se destila de los últimos pronunciamientos del Tribunal Supremo y de la Jurisprudencia menor nos permiten lanzar una propuesta *de lege ferenda* reformulando la acción de jactancia «renacida» a fin de dotarla de eficacia y utilidad.

Procede exponer a continuación los que entendemos habrán de suponer sus rasgos esenciales:

1. Naturaleza eminentemente procesal, cautelar o anticipada, y con funcionalidad provocativa: A nuestro juicio, en orden a fundar nuestra propuesta de una acción de jactancia «renacida», la figura debería mantener la esencia de lo que históricamente la caracterizó, esto es, su naturaleza procesal con funcionalidad provocativa a formular demanda.

Desde este punto de vista, como se expuso más arriba, supondría una excepción a la regla general del principio dispositivo en el ejercicio de las acciones *(nemo invitus agere cogatur)*. Esta óptica entroncaría además con la doctrina de la «tutela cautelar o anticipada»[122]. Que la funcionalidad de la acción, a día de hoy, solo puede ser la provocativa y que supone una realidad distinta de la acción con pretensión mero-declarativa (negativa) ha sido puesto de relieve por la Jurisprudencia más reciente con reiteración. En este sentido no nos resistimos a la tentación de transcribir un pasaje de la reciente STS Almería 1ª de 19 de diciembre de 2023 que certera y atinadamente expone, con reseña de la doctrina Jurisprudencial y Jurisprudencia menor, cual son los *«efectos que le son propios»* a nuestra acción a día de hoy:

> *«En nuestro derecho, salvo en materias determinadas, existe una facultad de libre disposición de las acciones y del proceso civil, sin que se pueda obligar a ningún sujeto a accionar en defensa de sus derechos, sea extrajudicialmente o sea judicialmente, como en este caso parece pretender el recurrente, que ni siquiera ejercita la vetusta pero vigente «acción de jactancia», sino la impugnación de un acuerdo de una Junta que soberanamente decide no actuar por la instalación que no ha autorizado efectuada por un propietario. La acción de jactancia, también conocida como acción provocatoria, persigue poner fin a la inseguridad e incertidumbre de una persona frente a quien pretende tener algún derecho o crédito contra él, instando la intervención judicial para fijarle un plazo, a fin de que*

---

122. Sobre la doctrina de la tutela anticipada *Vide* MITIDIERO, Daniel, *Anticipación de tutela. De la tutela cautelar a la técnica anticipatoria.* Marcial Pons, 2013 y entre los clásicos, FAIRÉN GUILLÉN, Víctor, «La acción de jactancia como forma anticipada de tutela civil. Su futuro», RDP, 1998, nº 2, pág. 288-290.

*dentro del mismo esa persona haga valer judicialmente los derechos que pretende tener o de lo contrario guarde silencio para siempre. **En definitiva, lo que se persigue con la acción de jactancia, es que se condene a otra persona a ejercer los derechos y acciones que cree tener, dentro del término que se le fije, o de lo contrario se extinguirá su facultad de accionar.** Como se señala en SAP de Pontevedra de 26 de diciembre de 2010: **Nos hallamos, por tanto, ante una acción de naturaleza personal, cautelar y de condena (y, por ello, incluida dentro del art. 5. 1 de la Ley de Enjuiciamiento Civil , que regula las clases de tutela jurisdiccional), (...) Definida su naturaleza en tales términos, resulta evidente que la acción de jactancia tiene un ámbito concreto y excepcional, en cuanto representa una excepción al principio dispositivo de la jurisdicción civil,** toda vez que se trata de que el demandado venga a articular una concreta tutela jurisdiccional, en contra del principio genérico de libertad de ejercicio de la acción, en la medida en que nadie viene obligado a acudir a los tribunales en defensa de sus derechos, ejercitando una acción contra su voluntad, de suerte que la interpretación sobre la concurrencia de los presupuestos que fundamentan su estimación debe ser necesariamente exigente y restrictiva».* (Las negritas son nuestras)

Y es que, como destaca la Doctrina[123], la naturaleza procesal de la acción es lo que le ha permitido sobrevivir en la evolución de nuestro ordenamiento jurídico —salvando así la Disposición Derogatoria del Código Civil— por lo que la coherencia obliga a conferir a esta acción una naturaleza eminentemente procesal, que no puede ser equiparada con el reconocimiento o declaración de derechos, sino con la tutela anticipada o cautelar de exigir a quién pone en entredicho nuestra posición, que demuestre aquello de lo que alardea.

2. Ámbito, carácter y requisitos de la jactancia.- Conocemos, por tanto cual, es la naturaleza esencial que le es propia a

---

123. JUAN GÓMEZ, Mateo, «La acción de jactancia: una reliquia jurídica...». op.cit. pág.5.

nuestra acción: su carácter procesal y funcionalidad provocativa con pretensión condenatoria (a demandar). Avancemos.

De inicio, unas precisiones previas. Resultando indiscutible, a través de los numerosos pronunciamientos judiciales expuestos hasta ahora que la jactancia supone la atribución de la titularidad de un derecho, conviene entrar en más en detalle: ¿cuál es el ámbito de la jactancia en la «renacida» acción que postulamos? . Con la exigencia de un mayor rigor, entendemos que debe superarse la idea «clásica» de que la jactancia deba consistir en un acto puramente físico en el sentido de que se viertan expresiones o manifestaciones públicas —sean verbales o sean escritas— que, por poner en duda la existencia de cualquier clase de derecho ajeno, supongan un descrédito o difamación personal de un tercero. Nuestra tesis se moverá por otros derroteros:

a). Acto jurídico. Si nos movemos en el terreno jurídico, lo procedente será exigir del jactancioso una declaración o manifestación de voluntad a los que el ordenamiento atribuya un efecto o una consecuencia de naturaleza jurídica; en definitiva, la jactancia debe surgir de un acto jurídico.

b). Acto jurídico de atribución de un derecho de contenido patrimonial. El acto jurídico consistirá en la atribución por el jactante de un derecho real o personal y también sus correspondientes acciones o simplemente la mera existencia de una relación obligatoria: pero en todo caso siempre con un contenido patrimonial o económico.

c). Acto jurídico de atribución de un derecho de contenido patrimonial que suponga una perturbación en la esfera jurídica y económica de un tercero. Ese acto jurídico, precisamente por su naturaleza, ha de suponer un efecto o consecuencia jurídica que perturbe la esfera jurídica de un tercero; como el derecho ha de poseer naturaleza patrimonial también perturbará su esfera económica.

Y al hilo del contenido eminentemente patrimonial de la jactancia, sostenemos que la acción de jactancia «renacida» que proponemos debe superar la idea de que los actos, hechos o palabras del tercero jactante por los cuales se atribuye la titularidad de un derecho —de contenido económico— deban resultar infamantes para la estima o crédito del afectado.

La difamación, como vulneración del derecho al honor —como es bien sabido— ya cuenta con su propia tutela civil propia y especifica. Por tanto, desde un punto de vista material, juzgamos que la «jactancia», el comportamiento del tercero, debería desprenderse de lo que histórica y clásicamente la caracterizó, esto es, de su matiz subjetivista consistente en la difamación, el descrédito personal o público o menoscabo moral del afectado.

Tenemos así ya los elementos esenciales de la jactancia: acto jurídico de atribución de la titularidad de un derecho de contenido patrimonial que suponga una perturbación en la esfera jurídica de un tercero. Bien podemos condensar el concepto expuesto bajo la idea de un acto jurídico que suponga una reclamación extraprocesal o extrajudicial.

Esto sentado, abogamos por poner el acento en que tal acto jurídico de atribución de la titularidad de un derecho —la reclamación extrajudicial— pueda ser calificado como un ejercicio abusivo del Derecho, como una de los supuestos típicos de actuación extraprocesal contraria a la buena fe[124]. Y precisamente aquí radica la idea nuclear de nuestra tesis.

---

124. El Codigo Civil positiviza un principio general del Derecho, cual es el de la actuación de buena fe. Su inclusión en el Título Preliminar le otorga una dimensión general, no reducida al ámbito estrictamente patrimonial, al tiempo que pierde su carácter defectivo para ser de inmediata y directa aplicación. Conforme se indica en la Exposición de Motivos del Decreto 1.836/1974, de 31 mayo: »*Sin pretender una alteración del juego concreto de la buena fe en cada una de las institucionesjurídicas,haparecido pertinente enunciarla como postulado básico por cuanto representa una de las más fecundas vías de irrupción del contenido ético-moral en el orden jurídico*». Dicho lo cual, la Sala de lo Civil del Alto Tribunal califica la buena fe como un concepto jurídico indeterminado en el que ha de quedar subsumida la conducta de que se trate, mediante una operación que puede ser sometida a la revisión casacional. Se trata de una norma general que impone la actuación «conforme a las exigencias de la buena fe», y que se extiende tanto en la fase de constitución de relaciones y situaciones

Este enfoque, a nuestro juicio, resulta mucho más adecuado[125] y acomodado a las tendencias y corrientes actuales de pensamiento jurídico, y además, entroncaría con la doctrina jurisprudencial de nuestro Alto Tribunal en torno al abuso del Derecho (Art. 7.2 C.C)[126].

---

jurídicas como en el marco de su desenvolvimiento. Partiendo de lo anterior, la doctrina y la jurisprudencia han elaborado una serie de supuestos típicos, que encierran un desleal ejercicio de los derechos subjetivos al margen de los postulados de la buena fe. Asi, tales supuestos son entre otros: a).- Ir en contra de los actos propios. (regla *nemo contra factum proprium potest*) b) Incurrir en un retraso desleal en el ejercicio de los derechos (*Verwirkung*). c) Abusar de la nulidad por motivos formales, cuando se cumple o se acepta conscientemente el negocio jurídico que adolece de un defecto de tal clase. d).- no observarse la regla *tu quoque*, según la cual no debe admitirse la invocación de las reglas jurídicas por el mismo sujeto que las despreció o no cabe imputar a otro una conducta en la que la propia parte ha incurrido. e).- Y finalmente, la infracción del principio de buena fe también resulta comprensiva de todas aquellas conductas que aun sin contar con el referido animus nocendi o intención de perjudicar, no obstante, vulneren los deberes de conducta diligente, no abusiva y razonable que cabe exigir a las partes en relación a la determinación y ejecución de sus respectivas obligaciones, deberes implícitos que acompañan a todo ejercicio de una facultad o derecho, en definitiva, cuando se abusa del Derecho.

125. No estimamos sin embargo que la acción de jactancia «renacida» pueda fundarse en el instituto del retraso desleal en el ejercicio de las acciones (*Verwirkung*) ya que al caracterizarse en una inacción que crea la confianza de que no se formulará demanda, supone, precisamente, el reverso de la figura del abuso del derecho. Como afirma la STS 1ª de 3 diciembre de 2010: "*Se considera que son características de esta situación de retraso desleal (Verwirkung): a) el transcurso de un periodo de tiempo sin ejercitar el derecho; b) la omisión del ejercicio; c) creación de una confianza legítima en la otra parte de que no se ejercitará.*». Esta vía es la sugerida por LOPEZ Y GARCIA DE SERRANA, Javier, «Interrupción abusiva del plazo de prescripción de las acciones», Revista de Responsabilidad Civil y Seguro, nº 88, Enero, 2024.

126. El Tribunal Supremo, tiene sentada *por extenso* su doctrina jurisprudencial en torno al abuso de Derecho como una de las manifestaciones ejercicio de un derecho de modo contrario a la buena fe. En este sentido, nos bastará con citar la STS 1ª de 3 de abril de 2014: «*Tras la reforma del Título preliminar del Código Civil de 1974, en la actualidad, el abuso de derecho está regulado en el art. 7.2 CC : "La ley no ampara el abuso del Derecho o el ejercicio antisocial del mismo. Todo acto u omisión que por la intención de su autor, por su objeto o por las*

Cuando se abusa del Derecho, se actúa en apariencia al amparo de una legalidad objetiva o externa ejercitando un derecho subjetivo propio, pero se traspasan, en realidad, los linderos impuestos al mismo por la equidad y la buena fe, y todo ello con

circunstancias en que se realice, sobrepase manifiestamente los límites normales del ejercicio de un derecho, con daño para tercero, dará lugar a la correspondiente indemnización y a la adopción de las medidas judiciales o administrativas que impidan la persistencia en el abuso". Esta norma tiene un origen jurisprudencial, que arranca de la Sentencia de 14 de febrero de 1944 , y se inspira en lo que desde hacía unos años se había postulado por la doctrina científica: "incurre en responsabilidad el que, obrando al amparo de una legalidad externa y de un aparente ejercicio de su derecho, traspasa, en realidad, los linderos impuestos al mismo por la equidad y la buena fe, con daños para tercero o para la sociedad". De este modo, como hemos declarado en otras ocasiones, "la doctrina del abuso de derecho se sustenta en la existencia de unos límites de orden moral, teleológico y social que pesan sobre el ejercicio de los derechos, y como institución de equidad, exige para poder ser apreciada, una actuación aparentemente correcta que, no obstante, representa en realidad una extralimitación a la que la ley no concede protección alguna, generando efectos negativos (los más corrientes, daños y perjuicios), al resultar patente la circunstancia subjetiva de ausencia de finalidad seria y legítima, así como la objetiva de exceso en el ejercicio del derecho, exigiendo su apreciación una base fáctica que proclame las circunstancias objetivas (anormalidad en el ejercicio) y subjetivas (voluntad de perjudicar o ausencia de interés legítimo)" [Sentencia 567/2012, de 26 de septiembre , con cita las anteriores sentencias de 1 de febrero de 2006 y 383/2005 , de18 de mayo]. La formulación de los presupuestos para la apreciación del abuso de derecho, prácticamente no han cambiado desde aquella Sentencia de 14 de febrero de 1944. Así, recientemente y con cita de otras anteriores, en la Sentencia 690/2012, de 21 de noviembre , recordamos que "para apreciar el abuso del derecho es precisa la concurrencia de los siguientes requisitos: a) el uso de un derecho objetivo y externamente legal; b) daño a un interés, no protegido por una específica prerrogativa jurídica, y c) la inmoralidad o antisocialidad de ese daño, manifestada en forma subjetiva (ejercicio del derecho con intención de dañar, con "animus nocendi"), o en forma objetiva (ejercicio anormal del derecho, de modo contrario a los fines económico-sociales del mismo) [Sentencias 455/2001, de 16 de mayo , y 722/2010, de 10 de noviembre], ya que, en otro caso, rige la regla "qui iure suo utitur neminem laedit" (quien ejercita su derecho no daña a nadie)".

efectos negativos, produciendo un perjuicio en el ámbito jurídico —y correlativamente en el económico— a un tercero[127].

Aplicando la anterior Jurisprudencia al asunto que nos trae, se incurriría en un acto jurídico jactancioso cuando un sujeto reclama extrajudicialmente un determinado derecho —personal o real— de modo abusivo; esto es, de manera fuera de los límites considerados como normales en su ejercicio; ello puede acaecer bien por razones de índole subjetivo —como el propósito del autor— bien por razones de índole objetivo —como la finalidad o las circunstancias externas en que se realice.

Tratando se hallar los contornos de ese ejercicio abusivo creemos que podrá apreciarse cuando se reclame a un tercero la titularidad de un derecho bajo alguna[128] de las siguientes circunstancias:

a). De manera objetivamente reiterada, repetitiva, empecinada, insistente, inadecuada, inconveniente, exagerada, desmesurada, importunante, exorbitante, desproporcionada pero también cuando se hace de manera inoportuna o intempestiva....

b). De forma subjetivamente maliciosa o tendenciosa, como cuando se hace aprovechando una situación desventajosa para el contrario o con propósito e intencionalidad injustificadamente dilatoria en el tiempo.

---

127. En cuanto a esos perjuicios, ya señaló la STS 1ª de 14 de febrero de 1944 que han de causarse a un simple interés legítimo, no tutelado; debe dañarse, dice la resolución, *«un interés no protegido por una específica prerrogativa jurídica»*. Ello es obvio, pues si se daña o lesiona un derecho subjetivo, resultará tutelable directamente y le bastaría al «jactado» con emprender la acción correspondiente, sin necesidad de «provocación».

128. De todo lo cual se desprende que el abuso de derecho no exige necesariamente un *animus nocendi* en su ejercicio siendo posible que esa abusividad derive de su ejercicio objetivamente anormal o excesivo.

En este sentido, algún ejemplo tomado de la Jurisprudencia nos puede ilustrar sobre la posible utilidad de esta acción renacida en relación a estos extremos.

El AAP Madrid 13ª de 4 de junio de 2020 confirma la inadmisión a trámite de una petición de un Acto de Conciliación formulada por una sociedad contra otra, *«toda vez que ya se habían presentado con antelación cuatro conciliaciones en los años 2007, 2008, 2011 y 2014, todas ellas sin avenencia, ante la oposición de la conciliada»;* concluyó la Audiencia que lo que la parte actora estaba pretendiendo con estas actuaciones era evitar una posible prescripción de las acciones que pudiera ejercitar, como ponía de manifiesto el hecho de que interpusiera una conciliación cada dos años desde el 2007, es decir, desde hacía doce años sin llegar a la interposición de la demanda correspondiente, lo cual no solo reflejaba un abuso de Derecho, sino también un fraude procesal. Como vemos, se trata en este caso de una reclamación extraprocesal —en la medida que no se acude al proceso declarativo— donde de manera clara se aprecia un ejercicio abusivo de derecho precisamente por el empecinamiento e insistencia en la reclamación, con intención netamente espuria[129]. En parecidos términos, en el AAP Murcia 1ª de 8 de mayo de 2023 se pone de manifiesto que la presentación de una papeleta de Conciliación con las mismas pretensiones que constaban rechazadas en una anterior reclamación indemnizatoria extrajudicial (Art. 7 RDL 8/2004, de 29 de octubre) podría considerarse un abuso de Derecho o un fraude de ley.

En estos y otros casos semejantes, ¿Por qué no permitir al repetitiva o inoportunamente llamado a conciliar instar una acción provocativa a entablar demanda o caso contrario, *«callar para siempre»*?

---

129. De hecho, el Art. 139. 1ª de la Ley de Jurisdicción Voluntaria dispone que *«La utilización de este expediente para finalidades distintas de la prevista en el párrafo anterior y que suponga un manifiesto abuso de derecho o entrañe fraude de ley o procesal tendrá como consecuencia la inadmisión de plano de la petición»*

Esta acción de jactancia «renacida» aparecería como un remedio o recurso excepcional en la jurisdicción civil. En efecto, para su eficacia práctica, la acción no puede resultar de aplicación general para la tutela proactiva o anticipada de cualquier clase de comportamiento ajeno; al contrario, estimamos que debe resultar un remedio excepcional para casos excepcionales. Casos en los que aparece un acto jurídico que supera los límites normales de ejercicio de los derechos y relaciones obligatorias en el ordenamiento jurídico civil.

Somos conscientes de que, remitiéndonos a la idea de «ejercicio abusivo del Derecho» nos enfrentamos a un concepto jurídico de carácter indeterminado (también llamado «concepto válvula»), cuya determinación en cada caso concreto corresponde a la discrecionalidad judicial[130].

Es evidente que, hoy en día, para hacer frente a perturbaciones jurídicas o fácticas nuestro ordenamiento jurídico dispensa al perjudicado un amplio arsenal de acciones judiciales para tutela y defensa de la titularidad de derechos reales, personales o relaciones jurídicas: comenzando por la genérica pretensión

---

130. En tal sentido, el Art. 7.2 C.C funciona en efecto como una suerte de «concepto válvula» (como lo bautizó ROCA JUAN) cuya indeterminación o vaguedad acarrea necesariamente una importante dosis de inseguridad jurídica, a cambio de implicar una gran flexibilidad y su adaptación tanto a los cambiantes valores éticos y parámetros sociales de cada momento histórico, como también a las variadas circunstancias de cada caso concreto. Así lo sostuvo el Tribunal Supremo, en su sentencia de 30 de junio de 1998, al señalar que: [...] *el abuso de derecho es uno de los conceptos denominados concepto jurídico indeterminado o concepto «válvula», que por ello no puede ser conceptuado apriorísticamente, sino que es preciso delimitarlo caso por caso.* Sea como fuere, es claro a partir del propio texto de la norma que el legislador del artículo 7.2 del Código Civil, consciente de la inviabilidad de tipificar nítidamente los límites de su ejercicio para cada derecho subjetivo, prefirió confiar a la labor casuística de los Tribunales esa misión de luchar contra el automatismo o absolutismo de los derechos, aunque ello supusiera una cierta merma de la seguridad jurídica. DE ANGULO RODRIGUEZ, Miguel Ángel, *El abuso del Derecho en el artículo 7.2 de Código Civil*, Discurso de ingreso en la RAJL pronunciado en Granada, 10 de junio de 2014, Publicaciones de la Real Academia de Jurisprudencia y Legislación de Granada, 2014.

mero declarativa (Art. 5 LEC 2000) hasta las especificas acciones en defensa de determinados derechos[131].

Por otro lado, asumimos que es bien cierto que existen numerosas formas de tutela extrajudicial tendente a la conservación o defensa proactiva de derechos propios frente a reclamaciones —también extrajudiciales— manifiestamente abusivas: La persona afectada puede asentar hechos o derechos amenazados utilizando, entre otras formas, los requerimientos fehacientes, las consignaciones judiciales, los depósitos, las protestas, las reservas en cuanto derechos de crédito, los diversos expedientes previstos en la Ley de Jurisdicción Voluntaria, la Ley de Catastro o en la Ley y Reglamento Notarial (actas, requerimientos, y los diversos procedimientos y expedientes) respecto al dominio y derechos reales sobre inmuebles; o de carácter administrativo actuarial (Oferta Motivada de indemnización y su consignación establecida en el Art. 7 del RDL 8/2004, de 29 de octubre en el ámbito del aseguramiento obligatorio de Vehículos a Motor, procedimiento extrajudicial de peritos Art. 38 Ley Contrato de Seguro...), y, en general, las diferentes modalidades de Métodos Adecuados de Solución de Controversias (Arbitraje, Mediación regulada en la Ley 5/2012, de 6 de julio y las diferentes clases de Actos de Conciliación ante Registrador/a de la Propiedad, Notario/a, Juez/a de Paz o Letrado/a de la Administración de Justicia)[132].

---

131. Son harto conocidas y han sido mencionadas más arriba pero no por ello resulta de menor interés enumerar algunas, las más señeras,: Acciones derivadas de la Ley para Protección Derecho al Honor, de la Ley de Derecho de Rectificación, acciones de filiación, acción reivindicatoria de la propiedad y declarativa de dominio, acción confesoria, acción negatoria de servidumbre, acción de deslinde y amojonamiento y la pléyade de acciones en orden a la tutela sumaria de la posesión (interdictos de retener, recobrar, obra nueva y obra vieja), acción derivada del Art. 32 LH, etc.
132. Y a los que se alude por el legislador en los Arts. 14 a 19 del Título II de la Ley Orgánica 1/2025 de 2 de enero, junto con «*cualesquiera otras que reconozcan esa u otra norma*». A tal punto que se constituyen para el acreedor demandante en requisito de procedibilidad en el ámbito jurisdiccional civil (Art. 5 de la Ley Orgánica 1/2025 y Arts. 264 y 399 LEC 2000). Del conjunto de

Eso es cierto. Pero parece justo entender que, para hacer frente a quien, utilizando aquellas formas —aparentemente legales y legítimas— reclama extrajudicialmente la titularidad de un derecho a un tercero de una manera abusiva (reiterada, importunante, maliciosa, empecinada, intempestiva etc..), el ordenamiento jurídico debe dotar a este perjudicado de un arma o instrumento procesal que permita hacerle frente de manera preventiva, anticipada, *ad cautelam* aunque también de modo terminante y tajante, en la búsqueda del mantenimiento de paz social y la seguridad jurídica. Y aunque ello suponga romper con las reglas generales del Derecho.

De ahí, por cierto, que exista un motivo añadido por el cual caractericemos la acción de jactancia «renacida» como remedio excepcional: en la medida que supone, también, una excepción a las reglas generales de Derecho procesal y sustantivo: de un lado, el principio dispositivo ó derecho a la acción *(nemo invitus agere cogatur)* y el principio de que quien usa de su derecho —subjetivo— a nadie perjudica *(qui iure suo utitur neminem laedit)*, de otro. Es más, no pocas decisiones del Tribunal Supremo subrayan que la figura del abuso de Derecho es un remedio de carácter extraordinario (STS 1ª de 7 de febrero de 1964) del que debe hacerse un prudente uso y de interpretación restrictiva: «... *de índole excepcional y de alcance singularmente restrictivo...*» (STS 1ª de 7 de julio de 1980).

No obstante, sostenemos que, por su naturaleza cautelar (*ad cautelam*) debe declararse su plena compatibilidad con otras formas extraprocesales en orden a la conservación o defensa proactiva de derechos propios frente a reclamaciones extrajudiciales manifiestamente abusivas.

---

métodos (MASC) allí señalados, los más adecuados en favor del afectado —futuro demandado— tanto en el ámbito de la reclamación de derechos reales como del cumplimiento de obligaciones económicas serían, a nuestro juicio, el Arbitraje, la Mediación regulada en la Ley 5/2012, de 6 de julio y las diferentes clases de Conciliaciones (ante Registrador/a de la Propiedad, Notario/a, Juez/a de Paz o Letrado/a de la Administración de Justicia).

De otra parte, desde un punto de vista formal, en cuanto al clásico requisito de que el acto jactancioso se materialice mediante *«una perturbación pública»,* creemos que no puede exigirse a día de hoy. Lo cierto es que lo exige la Jurisprudencia aun hoy en día, siendo que su ausencia viene a determinar la desestimación de la acción. (SAP Lugo 1ª de 2 de septiembre de 2015, SAP A Coruña 5ª de 6 de abril de 2022, SAP Almería 1ª de 3 de octubre de 2023). Sin embargo, que la jactancia deba ser conocida socialmente, por terceros (aquel *«entre los omes«* alfonsino), estimamos que es un cariz impropio de una Sociedad moderna y avanzada.

En esta línea, sostenemos que no debe identificarse «público» con divulgado o difundido sino más bien con la circunstancia de que la reclamación extrajudicial de derechos no resulte subrepticia, encubierta, furtiva o solapada; lo relevante radicaría en que conste razonablemente que la reclamación extrajudicial —como acto jurídico— ha llegado a ser conocida por el afectado, sea de la forma que sea. Es más, no puede exigirse que el conocimiento de la reclamación conste fehacientemente ni siquiera estar sujeta a forma. Lo expuesto entronca con las Doctrinas jurisprudenciales de la Sala Primera del Tribunal Supremo en torno a la interrupción de la prescripción de las acciones y derechos mediante reclamación extrajudicial[133] y en

---

133. El Código Civil prevé tres formas de interrupción de la prescripción en el Art. 1973 (para las acciones personales): la reclamación judicial, la reclamación extrajudicial y cualquier acto de reconocimiento de deuda realizado por el deudor. Centrándonos en la reclamación extrajudicial, que es el supuesto que se plantea en este caso, el Tribunal Supremo ha establecido claramente las pautas según las cuales se ha de entender este supuesto. Así, en la sentencia de 21 de julio de 2008 establece que para que se produzca la interrupción extrajudicial no se requiere que se formulen las reclamaciones por escrito ni que asuman ninguna forma. En este sentido, ha admitido la interrupción extrajudicial de la prescripción vía epistolar (SSTS de 14 de diciembre de 2004, 26 de marzo de 2004, 21 de marzo de 2000 y 21 de noviembre de 1997, entre otras) o vía telegrama (SSTS 16 de enero de 2003 y 22 de septiembre de 1984), e igualmente admite los actos interruptivos tanto del titular del derecho como los de quien ostente la debida representación (como es el caso del abogado).

relación a las notificaciones de requerimientos extrajudiciales de cumplimiento de obligaciones o de manifestación de voluntad [134].

Como acabamos de señalar más arriba, una de las formas más características del abuso del Derecho lo constituye un ejercicio retardado de una facultad o derecho subjetivo, en concreto del derecho a la acción, a la defensa judicial de un determinado derecho personal o real, abuso que se produce dilatando en el tiempo indebida e injustificable la reclamación judicial[135]. En efecto, sin desdeñar su plena aplicabilidad, como remedio excepcional y subsidiario, a cualquier ámbito del Derecho Civil sustantivo, actualmente, existe un campo donde las posibilidades de actuación de defensa proactiva podrían permitir una gran utilidad a esta acción de jactancia «renacida»; precisamente, ha sido sugerida incluso desde el Alto Tribunal. Nos referimos al área de las relaciones obligatorias de contenido económico y más concretamente a las relaciones jurídicas obligatorias donde un sujeto exige el cumplimiento de una obligación con contenido patrimonial, de manera abusiva, retrasando y demorando su reclamación judicial mediante sucesivas interrupcio-

---

En cualquier caso, se puede plantear un problema de prueba, que no de forma, pero entendido como prueba de la existencia de la reclamación y su fecha (STS 1ª de 22 de noviembre de 2005).

134. Esta doctrina jurisprudencial viene a señalar que el carácter receptício de estas notificaciones exige una constancia razonable de la recepción de la comunicación por el destinatario, por más que existan diversos medios de probar tal recepción.

135. En este punto creemos resulta pertinente traer a colación un precedente normativo de Derecho comparado muy interesante. En efecto, en el Código de Procedimiento Civil de 4 de julio de 1916 de Venezuela se regulaba lo que allí se denominaba acción por retardo perjudicial. A tenor del Art. 672, la demanda por retardo perjudicial procedía cuando existía demora maliciosa del actor en promover su demanda; añadía el Art. 674 que, en tal caso, la solicitud se dirigiría a que se previniese al demandado para que dedujese sus acciones dentro del término que el Juez le señalara, atendidas las circunstancias, so pena de no poder hacerlo sino cuando no sufriera el promovente el perjuicio que temía.

nes de la prescripción de la acción personal derivada de responsabilidad contractual o extracontractual[136].

Ciertamente, cuando fue dictada la STS 1ª de 12 de marzo de 2009, no se hallaba vigente la actual redacción de la reclamación extrajudicial regulada en el Art 7 de la Ley sobre responsabilidad civil y seguro en la circulación de vehículos a motor RDL 8/2004. Este precepto impone al perjudicado, so pena de inadmitir a trámite la demanda, la obligación de efectuar una comunicación a la aseguradora de haberse producido el siniestro en solicitud de la indemnización que corresponda, interrumpiendo con ello el cómputo del plazo de prescripción hasta que la entidad aseguradora haya notificado fehacientemente al mismo la Oferta o respuesta Motivada definitiva, pudiendo consignar la cantidad que considere es suficiente para quedar exonerada de la imposición de interés o incluso reclamar se dicte resolución al respecto de la suficiencia de la cantidad consignada (Art. 9 RDL 8/2004).

Sin embargo, como también hemos desarrollado más arriba, juzgamos absolutamente compatible la posibilidad del ejercicio

---

136. Particularmente, en el ámbito de la responsabilidad civil a cargo de Aseguradoras es claro que —en el orden patrimonial— esa clase comportamiento dilatorio por parte de la víctima podría comportar un perjuicio en los pronunciamientos judiciales de un futuro pleito donde se declare la responsabilidad por daño a las personas o a los bienes. La imposibilidad del Seguro en conocer la verdadera deuda reclamada extrajudicialmente —por ser reclamada sucesiva y reiteradamente distintas cantidades, interrumpiendo la prescripción pero sin formular la demanda— puede suponer un doble perjuicio económico; la explicación es bien sencilla : si extrajudicialmente la víctima ha dilatado en el tiempo sus reclamaciones al Seguro, interrumpiendo sucesivamente el plazo de prescripción, la deuda (de valor) en que consisten los intereses por la responsabilidad civil contraída desde la fecha del siniestro puede llegar a ser altísima (*ex* Arts. 9 RDL 8/2004, de 29 de octubre, Ley sobre responsabilidad civil y seguro en la circulación de vehículos a motor y 20 Ley Contrato de Seguro); adicionalmente, podría comportar la apreciación judicial de mala fe que conlleve indefectiblemente la condena en costas del Seguro en el caso de allanamiento efectuado incluso antes de contestar a la demanda (Art. 395 LEC 2000).

de la facultad de reclamación extrajudicial a la aseguradora y la obligación de ésta de realizar Oferta Vinculante con el ejercicio abusivo de aquella facultad por parte del perjudicado. Es más, las SAP Murcia (Cartagena) 5ª de 28 de febrero de 2023 y SAP Almería 1ª de 3 de octubre de 2023 —dictadas vigente la reforma del Art. 7 del RDL 8/2004— no descartaron la aplicabilidad de nuestra acción a este tipo de pretensiones siempre que se cumplieran una serie de condiciones o requisitos. La resolución cartagenera dejó claro que «...*la procedencia de la acción de jactancia requiere una dilación indebida e injustificable en la reclamación judicial, que, (...) habrá de ser patente e indiscutible, dado su citado carácter restrictivo»*, si bien en el supuesto de autos «*no se apreció esa dilación indebida con el carácter patente e injustificable que se precisa»;* por su lado, el órgano colegiado almeriense determinó que «*..la inexistencia de dilación indebida en la iniciación del trámite, ya que consta instada la reclamación extrajudicial del perjudicado a la que contestó el actor, dando comienzo al procedimiento legal específico para efectuar aquella y dado el carácter excepcional de la utilización de la acción, impide considerar que se cumplen los presupuestos de su ejercicio.».* En suma, queda abierta la puerta a la viabilidad de nuestra acción si se acredita en el proceso un abuso en el ejercicio de la facultad de reclamación extraprocesal, consistente en una demora o dilación indebida o injustificable en la formulación de la demanda.

Aun con todo, no termina aquí el ámbito de su posible utilidad. La praxis judicial nos ofrece multitud de escenarios en donde esta acción «renacida» puede tener encaje. Así, ¿sería lícito, en el aspecto jurídico y económico, que tras el dictado de un Auto de Segunda Oportunidad al deudor de buena fe, sus acreedores intenten seguir reclamando extraprocesalmente una deuda que ha sido exonerada?, ¿no resultaría apta e idónea en estas al circunstancia permitir al perjudicado formular una acción provocativa de jactancia para que judicialmente se intime a este puesto «acreedor» a entablar su acción o caso contrario se declare el decaimiento de su acción?. Se plantea la Doctrina esta misma pregunta, si bien en relación a una posterior reclamación en vía judicial : la respuesta, negativa apela, precisamente al abuso de Derecho y a la mala fe, en este caso, procesal: «*El comportamiento de ese supuesto acreedor es contrario al ordenamiento jurídico y excede los límites de la buena fe procesal, material, moral y de las buenas costumbres..*»[137].

Sea como fuere, creemos que nuestro enfoque que identifica la jactancia con el abuso de Derecho entronca firmemente con las tendencias actuales del Derecho en aras a tratar conjurar la utilización espuria del proceso por las partes, su instrumentalización con fines puramente crematísticos, priorizando el rendimiento en materia de abono de intereses de demora y de condena al pago de las costas, por encima de la satisfacción de la propia pretensión de fondo: la litigación abusiva, el abuso del proceso o del servicio público de Justicia[138]. Si bien los órganos

---

137. *Vide* APARISI LLISO, Sofía Rebeca; «¿Es lícito en el aspecto jurídico y económico tras un auto de segunda oportunidad al deudor de buena fe, que acreedores intenten seguir reclamar una deuda la cual ha sido exonerada?», ECONOMIST & JURIST, domingo, 16 de marzo de 2025.

138. Y de la que es buena muestra la numerosa Jurisprudencia que lo denuncia así como los nuevos postulados contenidos en la Ley Orgánica 1/2025 de 2 de enero: nos referimos al extendido fenómeno de la fragmentación injustificada y artificial de pretensiones con el único fin de resultar beneficiario de distintas y sucesivas condenas en costas por cada una de ellas. En la reciente STS 1ª de 20 de diciembre de 2024 se destaca: « *La conducta de la demandante merece ser calificada de contraria a la buena fe procesal, pues de lo expuesto hasta ahora se infiere que se ha provocado la situación —contratación del micro préstamo— para poder presentar la demanda de nulidad por usurario, con vistas a lograr no solo la estimación de la demanda, que es lo que menos importa porque se ha cancelado anticipadamente el micro préstamo, sino también y sobre todo la consiguiente condena en costas que genere unos beneficios de aproximadamente 1.800 euros.* Y añade: «*Cuando el proceso pretende como fin principal la condena en costas, empleando un artificio que muestra una desproporción entre lo verdaderamente controvertido y el beneficio perseguido, es posible concluir que nos hallamos ante un abuso del proceso, una especie de fraude procesal: se provoca la infracción jurídica, para poder demandar y obtener un beneficio espurio a costa del Estado, pues el principal coste es para la Administración de Justicia. Constituye un abuso del proceso, emplear los escasos recursos de la Administración de Justicia para, sobre la base de una infracción legal provocada, y en cuanto tal una controversia ficticia, obtener*

jurisdiccionales pueden llegar a detectar una conducta abusiva de la parte actora dentro del proceso —y de hecho, lo hacen— ¿no se justificaría que el afectado quedara legitimado activamente también para, de forma anticipada y *ad cautelam,* provocar a ese contumaz reclamante a entablar demanda con la finalidad de poner en evidencia ese comportamiento abusivo en el entorno extraprocesal?.

De otro lado, resultará de suma utilidad en unos tiempos en que han de proliferar por doquier las reclamaciones extraprocesales —por cuanto su acreditación deviene en requisito de procedibilidad tras la entrada en vigor de la L.O 1/2005 de 2 de enero.

3. La concreta modalidad de tutela anticipada: Pretensión articulada, pronunciamientos judiciales y cauce procesal a tal fin. Conocemos por tanto cual es la naturaleza que le es propia a nuestra acción según la Jurisprudencia y hemos propuesto un ámbito general —y alguno específico— sobre el que puede re-

---

un rendimiento económico muy superior al coste que pudo conllevar la provocación de la infracción jurídica.»: y la aún más reciente STS 1ª de 6 de febrero de 2025 señala que: «*...La falta de justificación de la conducta procesal de la demandante revela que la interposición de sucesivas demandas en las que se fraccionan las pretensiones que pudieron ejercitarse en la primera de tales demandas, supone un abuso del proceso al emplear los escasos recursos de la Administración de Justicia en varios procesos, cuando sus pretensiones pudieron ventilarse en uno solo, lo que podría explicarse por la posibilidad de obtener sucesivas condenas en costas. (...) Sentado lo anterior, debe concluirse que la falta de justificación de la conducta procesal de la demandante, constitutiva de un abuso del proceso, determina que con la interposición de la primera demanda precluyó su posibilidad de interponer la posterior demanda atinente a esa misma situación jurídica, en la que ejercitó una pretensión que pudo ejercitar en la primera demanda pues estaba basada en la misma causa petendi que la demanda anterior, y las pretensiones ejercitadas en una y otra demanda perseguían pronunciamientos que el art. 9.2 de la Ley Orgánica 1/1982, de 5 de mayo, prevé como integrantes de la tutela judicial efectiva frente a intromisiones ilegítimas en el derecho al honor.»*

caer la «jactancia» que hemos identificado con el abuso de Derecho.

En síntesis, tenemos asentado hasta aquí que cuando alguien afirme abusivamente ser acreedor de otra persona o titular de derecho real o personal de contenido económico sobre bienes de los que otro se considere titular, estará éste legitimado a iniciar un proceso provocativo. Continuemos avanzando. ¿cómo debería articularse desde un punto de vista procesal? ¿cuál o cuáles deberían ser las pretensiones articuladas? Llegados a este punto, cabe preguntarse también: ¿Tiene sentido encauzarla en un proceso declarativo ordinario plenario, como ocurre en estos momentos? Sostenemos que la respuesta, indudablemente, debe ser negativa.

La finalidad de la acción de jactancia «renacida» se endereza, como queda dicho, hacia la conjura cautelar de un ejercicio abusivo del Derecho a través de la «provocación» a demandar. De este modo, nuestra acción de jactancia se desligaría definitivamente de su —históricamente característica— finalidad inmediata y mediata tendente a la declaración de derechos subjetivos —personales o reales. Por contra, con claridad, su finalidad inmediata es, en principio, condenatoria, de hacer, ordenando demandar en un determinado plazo.

Y es que, como bien nos señala la Jurisprudencia, nos hallamos ante una acción de naturaleza personal, cautelar y con pretensión de condena y, por ello, incluida dentro del Art. 5.1 LEC 2000, que regula las clases de tutela jurisdiccional), en la medida en que viene a compeler al demandado, en caso de prosperar, a un hacer positivo, integrado por la deducción de la acción ante los Tribunales en demanda de aquello respecto de lo que se jacta de ser titular.

No compartimos la idea —como se sugiere también desde la Jurisprudencia— de que la acción deba englobar además una pretensión de condena de no hacer, consistente en «*guardar posterior y perpetuo silencio*». El deber de «guardar silencio» (en el sentido jurídico-procesal, se entiende) devendrá como consecuencia de que no se acate o cumpla en el plazo señalado la condena de hacer desencadenando que, automáticamente, opere el instituto jurídico-procesal procedente en orden al decaimiento de su acción.

Ahora bien, siendo evidente su finalidad (inmediata) condenatoria, ¿*quid* con respecto a la posibilidad de una añadida finalidad declaratoria? Naturalmente no nos referimos a una declaración de derechos sino de un hecho. Así lo estimamos, en efecto. El fin principal que se busca con la acción de jactancia sería obtener una resolución judicial con contenga un pronunciamiento condenatorio pero ello deberá conllevar también un pronunciamiento declarativo previo: la acción es de condena parcialmente, porque tiende a imponer una obligación al demandado, la de que ejercite la acción en cierto tiempo; pero sería igualmente declarativa porque declara previamente la realidad de la jactancia y que el demandado es jactancioso.

Por este motivo, en el orden procesal, y adaptando a nuestra tesis las palabras del Tribunal Supremo en la STS 1ª de 27 de febrero de 1980, deviene esencial comprender que la acción de jactancia «renacida» debería dar lugar dos procesos sucesivos: Por el primero, el genuinamente provocativo, se define y se declara judicialmente si la atribución de derechos debe calificarse como ejercicio abusivo del Derecho y en caso positivo se condena a formular demanda y en el segundo, si el demandado cumple la condena, se concluye, entrando en el fondo del asunto, si dichos derechos atribuidos son ciertos o dejan de serlo.

Para el primero de los procesos, el provocativo, y por su especifica finalidad, abogamos, *de lege ferenda,* por el establecimiento de un proceso especial *ad hoc.* En este proceso especial se producirá un pronunciamiento (mero) declarativo, sí, pero obviamente no de derechos sino, en su caso, simplemente de la realidad de la jactancia (concretada en un ejercicio abusivo del Derecho) y adicionalmente y, en su caso, otro, de condena a formular demanda[139].

---

139. En este sentido, y acudiendo al Derecho comparado, estimamos muy acertados y atinados la opción legal del vigente Código de Procedimientos Civiles de Guatemala cuando detalla que «...el *Juez dictará sentencia declarando*

Al hilo todo de ello, cabe plantearse precisamente cuál debería ser esa figura procesal procedente en el caso de no acatarse el pronunciamiento condenatorio. A nuestro juicio, si el jactante no formula su demanda en el plazo que se le señale, debe producirse el decaimiento de la acción. Naturalmente no decaería el derecho subjetivo sustantivo subyacente que, teórica y virtualmente, continuaría subsistente; la inacción supondría, en definitiva, la crisis liminar de un proceso que ya no sería posible iniciar con motivo de la pérdida de un derecho procesal: la fórmula jurídico-procesal idónea para el caso de que así sucediera puede ser la caducidad de la acción o la re-

---

la jactancia y señalando al jactancioso un término de quince días para que interponga su demanda, bajo apercibimiento de tenerse por caducado su derecho».
Entre la Jurisprudencia dictada en los paises de Hispanoamérica, compartimos plenamente los razonamientos contenidos en la sentencia dictada por el Segundo Tribunal Colegiado en materia civil del tercer circuito del Estado de Jalisco (México), Amparo en revisión 665/90 con fecha 13 de febrero de 1991: « *El fin principal que se busca con la acción de jactancia es obtener una sentencia condenatoria en parte y declarativa. La acción es de condena parcialmente, porque tiende a imponer una obligación al demandado, la de que ejercite la acción en cierto tiempo. Es igualmente declarativa porque declara, condicionalmente, que el demandado es jactancioso, y que su acción caducaría si no la ejercita en el plazo señalado. La sentencia ejecutoria que declara procedente la acción de jactancia no constituye título para obtener el cumplimiento de la obligación o condena contenida en la declaración, pues la única consecuencia que establece la ley para el caso de que no se acate el fallo, es que se tendrá al demandado por desistido de la acción que ha sido objeto de la jactancia. Como se advierte, se trata de la pérdida, por caducidad, de un derecho procesal, no del derecho sustantivo que pueda subyacer, el cual no se discute en esta clase de juicios, por lo tanto la sentencia de jactancia no encuadra en ninguna de las hipótesis que prevé la fracción I del numeral 2937 del Código Civil del Estado de Jalisco, para que sea inscrita en el Registro Público, habida cuenta que en dicha sentencia no se deciden cuestiones de propiedad y por ende, jamás podrá tener por consecuencia que se limiten o afecten las inscripciones registrales de los derechos reales que no fueron materia de la litis.».* Semanario Judicial de la Federación, Octava Época, Tomo VII, abril de 1991, página 133, Tribunales Colegiados de Circuito, tesis III.2o.C.314 C.

nuncia a la misma[140] ; cabe reiterar que, si finalmente se formula la demanda, no se dilucidará la contienda de fondo en ese mismo proceso sino en uno segundo, ulterior y distinto.

De lege ferenda, abogamos bien por el establecimiento de un proceso especial o bien, alternativamente, por la inclusión de un supuesto adicional a la nómina de Diligencias Preliminares recogidas en el actual Art. 256 LEC 2000. Los ordenamientos jurídicos de Derecho comparado se han abonado a una y a otra posibilidad, como bien sabemos; infrecuente es que esta acción provocativa se tramite a través del procedimiento ordinario.

Cada una de las opciones alternativas tiene no obstante sus ventajas pero también sus inconvenientes. Ciertamente, la resolución de pretensiones declarativa y condenatoria supone una decisión jurisdiccional de un cierto calado que parece exigir un proceso donde exista una cognición que permita un juicio valorativo; entablar una acción provocatoria de jactancia no consiste en la mera «preparación de un juicio» que es precisamente a lo que se enderezan las Diligencias Preliminares[141], que por otra parte supondrían un modo ágil para su tramitación. Buscando este mayor dinamismo, nos parece más adecuada la opción de establecimiento e implementación *ex novo* de un proceso especial donde se enunciarían la finalidad, características, alcance, competencia, plazos y requisitos de la acción y que podría articularse bajo los parámetros procesales del actual Juicio verbal.

Como modelo referencial, nos resulta especialmente atractiva y sugestiva la regulación contenida en el Código General del Proceso de Uruguay por su rigor jurídico y precisión técnica y

---

140. Posibilidades procesales presentes en nuestra vigente LEC 2000 en sus Arts. 236 y ss. y 20.1. Menos afortunadas nos parecen las opciones legales contempladas en otros ordenamientos jurídicos que optan por las figuras de la «*extinción de la acción*» o de la acción «*improponible*» —no previstas en nuestro ordenamiento jurídico-procesal vigente— o del «*desistimiento*», que parece remitir a un proceso ya iniciado.

141. Así lo dispone el Art. 256 LEC 2000: «*Todo juicio podrá prepararse...*»

con más motivo por su relativa modernidad y además de suponer el punto de partida del «Anteproyecto del Código Procesal Civil Modelo para Iberoamérica», las tierras a donde arribó en su día nuestro Código *Partidas* de Alfonso X *El Sabio*.

Quedaría así, con justicia, cerrado el círculo.

Vale.

En Barakaldo, a primero de diciembre de 2025

Epílogo

Información literal ofrecida por GROK
(asistente de Inteligencia Artificial gratuito on line diseñado
por xAI) respondiendo en fecha 02-11-2025 a la pregunta:

¿Que puedes decirme sobre la «acción de jactancia»?

*El subrayado es nuestro

*«La «acción de jactancia» es un concepto jurídico originario del
derecho romano y que <u>aún se mantiene en algunos sistemas de
derecho civil, particularmente en países de tradición hispanoame-
ricana como España*,</u> Uruguay, Chile y otros. Se trata de una acción judicial que permite a una persona obligar a otra (denominada «jactancioso») a que ejerza o desista de una pretensión jurídica
que ha estado ostentando o reclamando de manera pública y perjudicial, pero sin formalizarla ante los tribunales.*

Origen y definición

*El término proviene del latín «iactantia», que significa alabanza
propia o presunción desordenada. En el ámbito legal, la jactancia
se refiere a la manifestación o ostentación de un derecho o crédito
(por ejemplo, a través de palabras, actos o incluso silencio) que
causa perjuicio o menoscabo a un tercero, como poner en duda la
titularidad de una propiedad, un crédito o cualquier otro derecho.
La acción de jactancia, también conocida como «acción provocatoria», busca resolver esta situación obligando al jactancioso a demandar formalmente para hacer valer su supuesto derecho o, en su*

defecto, a abstenerse de seguir reclamándolo, bajo pena de perder la oportunidad de hacerlo en el futuro.

Propósito y aplicación

Su objetivo principal es proteger al perjudicado de la incertidumbre o el daño moral/económico causado por reclamos infundados o dilatorios. Por ejemplo:

— Si alguien se jacta públicamente de tener un crédito contra ti (como una deuda), pero no lo exige judicialmente, puedes iniciar esta acción para forzarle a que lo haga en un plazo determinado o renuncie a él.

— En contextos modernos, como en accidentes de tráfico, las aseguradoras a veces la utilizan contra un lesionado para obligarlo a presentar su reclamación o desistir, evitando reclamos indefinidos.

En códigos como el de Procedimiento Civil chileno, se regula específicamente para casos donde hay presunción de un derecho que genera perjuicio. Aunque su uso ha disminuido con el tiempo debido a otras figuras procesales más ágiles, sigue vigente en varios ordenamientos y se considera una herramienta para promover la celeridad y la buena fe en las relaciones jurídicas.

Si necesitas más detalles sobre su aplicación en un país específico o ejemplos prácticos, ¡házmelo saber!»